숲속의 철학자

지혜롭고 안온한 삶을 위한 나무의 인생 수업

숲속의 철학자

카린 마르콩브 지음 | 박효은 옮김

How to Live
Like a Tree

포레스트북스

나의 아이들에게,

삶의 여정 가운데 내내 평안하기를

숲에서 산책하는 동안 위안을 받기를

스스로를 돌보며 영감을 얻는 사람이 되기를.

이 세상을 함께 만들어가는 모두에게,

즐겁게 온정을 나누며 품위 있게 살아가기를

당당하고 꼿꼿하게 설 수 있기를.

나무의 하루

아침에 일어나면 저는 가장 먼저
가지들을 쭉 늘리며 스트레칭을 해요.
그리고 저의 잎들과 크고 작은 가지들,
온몸 구석구석을 느끼는 시간을 잠시 가집니다.

그다음 뿌리가 땅에 잘 박혀 있는지 확인하고,
제 발치에 있는 세상을 느껴요.
그리고 제 곁의 가족과 친구들에게 안부를 묻죠.
"모두 잘 있지? 내 도움이 필요하지는 않고?"

이렇게 조용히 인사를 마치고
저는 다시 가만히 저에게 집중해요.
그리고 가장 높은 꼭대기로 올라가서
이미 하늘에 떠 있는 해를 향해 인사해요.

아침의 햇살을 만끽하며 숨을 깊이 들이마셔요.
해 덕분에 오늘도 저는 제가 맡은 일을
잘 해낼 수 있을 것 같아요.

저는 둥그렇게 떠 있는 해를 보는 게 정말 좋아요.

해는 제가 쓸모 있다고 느끼게 해주죠.

또 충만한 행복까지 안겨준답니다.

저는 제가 하는 일을 한 번도 싫어해본 적이 없어요.

이제 일을 시작해야겠어요.
저는 언제나 고마운 잎사귀들로 호흡을 하고
오랜 친구인 반짝이는 해로부터 에너지를 흡수해요.

단단한 가지들은 모두에게 공평하게 산소를 주기 위해
성실한 수천 개의 잎사귀와 함께 열심히 일한답니다.
그래서 제 몸에 있는 가지들은 지루할 틈이 없지요.

오늘 하루가 드디어 저물었어요.
숲이 다시 고요해지면 제 마음은 편안하고 행복해져요.
종일 에너지를 흡수하느라 진이 다 빠져버렸지만
세상에 보탬이 되었다고 생각하니 정말로 뿌듯해요.

피곤해서 저는 이제 잠자리에 들어야겠어요.
오늘 하루 제가 맡은 일을 충실히 잘 해낸 제가
무척 자랑스러워요.

아, 빨리 내일이 왔으면 좋겠어요.

세상의 모든 시인은 나무를 사랑하고 나무에 대한 시를 씁니다. 아닙니다. 진정으로 선량하고 아름다운 시인들만이 나무를 사랑하고 나무에 대한 시를 씁니다. 지상의 생명체 가운데서 나무처럼 선량하고 아름다운 목숨은 없기 때문입니다. 자신의 생명을 돌보면서 다른 생명체까지 돌보는 것이 나무이기 때문입니다.

차라리 나무는 현자(賢者)입니다. 인격체입니다. 나무처럼 속내가 깊고 부드러운 생명은 없습니다. 그야말로 홍익인간(弘益人間)의 정신이 그에게는 있습니다. 나무는 다른 생명체를 해치지 않을뿐더러 어울려 살 줄 알고, 물러설 줄 알고, 충분히 기다릴 줄도 압니다. 그러므로 우리는 언제나 나무에게 배워야 합니다.

오늘날 우리의 삶이 이토록 각박하고 불안하고 힘겨운 것은 나무와 멀어진 탓이고 숲과 멀어진 탓입니다. 더불어 마음을 살피는 글을 읽지 않은 탓입니다. 바로 이 책, 멀리 프랑스 사람, 카린 마르콩브란 낯선 이름의 사람이 쓴 이 책이 우리에게 잃어버린 나무의 너그러움과 인내와 사랑을 줍니다. 마음을 살피는 지혜를 선물합니다.

시를 쓰는 사람으로서 많은 것을 배울 만한 책입니다. 문장이 부드럽고 편안한 것은 말할 것도 없거니와 나무와 인간의 소통, 이심전심, 엠퍼시(empathy) 그것을 가르쳐줍니다.

– 나태주(시인)

우리 곁에 나무가 없다면 지금 이 책이 나올 수도 없고, 지친 눈을 쉬어갈 곳도 없고, 무엇보다 숨조차 쉴 수 없을 겁니다. 늘 거기 있어 소중함을 잊었던 나무. 존재 자체로 위로가 되는 나무. 나무의 말에 귀를 기울여 볼까요.

4억 년 동안 지구에서 살아온 인내심, 산불이 나도 끝내 살아나는 회복탄력성. 나무의 열 가지 미덕을 우리는 이 책에서 배울 수 있을 겁니다. 꼿꼿하고 진득하게 한자리를 지키는 나무 같은 당신에게 이 책을 권합니다.

– 이금희(방송인)

우리가 바쁘게 움직이며 정신없이 하루를 보내는 동안 나무는 무엇을 할까? 늘 자신의 자리를 꼿꼿이 지키고 서 있는 그저 평화로워 보이는 나무는 어떻게 하루를 보낼까?

나무처럼 아침을 시작해보자. 우선 알람 없이 잠에서 깨어난다. 그것만으로도 칭찬받아 마땅하다. 알람 대신 지빠귀가 경쾌하게 지저귀는 소리에 스스르 정신을 차려보자. 그리고 콘크리트와 공해 한가운데가 아닌 숲속 한가운데에서 신선한 공기를 마음껏 들이마신다. 그러면 이제 우리 몸은 땅속 깊은 곳에서부터 서서히 깨어난다. 뿌리를 꿈틀거리며 기지개를 켜고 주변을 살피자. 땅속에 뿌리를 잘 내리면 하루를 시작할 준비는 끝이 난다.

어딘가를 향해 움직일 필요는 없다. 주변에서 무슨 일이 일어나든 그 자리에 가만히 서 있기만 하면 된다. 그저 꼿꼿하고 진득하게 한자리를 지키는 것이다. 겉치장하기 위해 샤워를 할 필요도 없고, 화장할 필요도 없다. 그저 잠에서 깨어나기만 하면 하루를 살아내기 위한 준비가 끝난다. 그러나 도중에 할 일을 그만두거나 게으름을 피워서는 안 된다.

평온하게 시작되는 나무의 하루는
모든 것이 명쾌하고 분명하다.
나무는 해야 할 일을 알고 이를 기꺼이 감당한다.

나무는 자신에게 주어진 임무를 더할 나위 없이 훌륭하게 해낸다. 어떤 상황에서도 나무는 올곧고 당당하다. 이렇게 든든하고 믿음직스러운 나무는 인간에게 이로움을 주고 자연을 구성하는 요소들과 인간의 욕구가 조화를 이룰 수 있도록 하루하루 최선을 다한다.

나무의 임무와 사명은 곧 생존과 연결된다. 나무는 지구에 사는 모든 생명체에게 산소를 공급하며 그들이 생존할 수 있게 해준다. 그러므로 우리는 나무의 사명을 절대 가벼이 여겨서는 안 된다. 우리가 살아가면서 웃고, 책을 읽고, 잠을 잘 수 있는 것도 모두 나무 덕분이다. 그러니 나무는 우리에게 존중받아 마땅하지 않겠는가?

지구는 그다지 완벽하지 않다. 지구 역시 우리처럼 혼란과 불안을 겪기도 하고 활력이 떨어질 때도 있으며 지향점을 잃기도 한다. 그러나 이런 상황에서 우리는 예상하지 못한 길과 마주하기도 하고, 변화를 받아들이고 주변에서 일어나는 일들을 관찰하면서 깨달음을 얻기도 한다.

나무는 대략 4억 년 전부터 이 아름다운 지구에서 살아왔다. 그 긴 세월 동안 나무는 생존을 위해 공존하는 법을 배워야 했고, 환경에 적응하며 스스로 최적의 기능을 발달시켰다. 나무는 인간보다 훨씬 경험이 풍부하고 현명하다. 다른 것은 몰라도 혼란과 불안 속에서도 평온함을 유지하며 시련을 극복하는 방법에 대해서는 말이다. 그렇다면 나무를 우리 인생의 롤모델로 삼아도 좋지 않을까?

자연은 수천 년을 사는 방법을 알고 있다.

자연이 보여주는 아름다움과 힘,

그리고 너그러움이 이끄는 대로 따라가보자.

이 책을 읽으며 나무의 삶을 관찰하며 현재 우리의 삶을 되돌아보고 깨달음을 얻는다면, 더 나은 삶을 영위할 수 있을 것이다. 세 살 버릇 여든까지 간다는 말이 있지만 실제로 우리는 언제든 변화할 수 있다. 나무가 살아가는 삶의 방식을 배우고, 우리 삶에 적용하는 것만으로 근본적인 변화가 시작된다. 그렇게 평온하고 조화로운 삶을 영위하며 주변에 선한 영향력을 끼친다면, 나뿐만 아니라 세상이 지금보다 더 나은 방향으로 바뀌지 않을까?

숨을 깊이 들이마시고, 마음을 활짝 연 채로 이 책을 읽어보자. 나무를 잘 알지 못하더라도 괜찮다. 책을 읽으며 가벼운 마음으로 자연의 소소한 아름다움을 느껴보자. 약간의 상상력과 열정만 더해도 삶은 새롭게 펼쳐진다.

당신이 진정으로 원하는 세상의 모습을 정하고, 매일 다짐을 실천하며 목적지까지 가는 여정 그 자체에 담긴 의미를 깨닫기만 해도 이미 절반은 이룬 셈이다. 당신은 어떤 세상에서 살고 싶은가? 다음 세대에게 무엇을 물려주고 싶은가?

우리는 이 세상에 잠시 머물 뿐이다.

나무에 비교하면 인간의 삶은 짧기만 하다.

그렇다면 이곳에 머무는 동안 무엇을 해야 할까?

자, 눈을 감고 상상해보자. 우리는 참선하는 한 그루의 나무다. 우리의 자세와 행동은 커다랗고 품이 넓은 나무를 닮았으며, 우리의 마음과 삶의 방식은 숭고한 영혼을 지닌 선승을 닮았다. 그리고 우리의 행동을 되짚어보자. 우리는 진정 나무를 닮았을까? 우리는 나무에게서 무엇을 배울 수 있을까? 또 나무는 우리에게 무엇을 가르쳐줄 수 있을까?

이 책을 다 읽을 때쯤 우리 모두 미래와 진심으로 바라는 세상을 또렷하게 그려낼 수 있기를 바란다. 각자의 발자취를, 그리고 전 세계 80억 인구의 발자취를 돌아보고 뒤로 한 걸음 물러나 그것이 어떤 모습을 하고 있는지 바라보자.

그리고 나무의 열 가지 미덕을 받아들이자. 인내, 회복탄력성, 포용력, 감수성, 소통, 침묵, 단순함, 연대, 리더십, 치유의 힘을 배우고 스스로를 치유할 수 있는 자신만의 힘을 갖게 될 세상을 함께 만들어보자.

또 우리에게 숨겨진 능력을 발견해보자. 이 책에 제시된 몇 갈래의 길을 따라가다 보면 자신이 세워 놓은 틀을 깨고, 자신도 알아채지 못한 숨겨진 능력을 발견할 수 있을 것이다.

그럼 이제 떠나보자. 나무의 미덕을 배우고, 우리가 지닌 숨겨진 능력을 발견하기 위한 여정을.

카린 마르콩브

How to Live
Like a Tree

차례

1장

나무에게 배우는 인내

우리가 서두르지 않고 여유롭게 살아간다면

우리에게 인내가 필요한 이유

"자연의 속도를 따르라.
자연의 비밀은 바로 인내이다."

– 랄프 왈도 에머슨

짜증은 나에게서 온다

우리는 일상에서 인내라는 미덕을 스스로 포기하는 잘못을 저지른다. 인내심을 발휘해야 하는 때에 짜증을 내며 자신을 괴롭힌다. 마트 계산대에서 내 앞에 선 노인이 허둥대며 시간을 빼앗을 때, 빨리 나가야 하는데 아이가 운동화 끈을 느릿느릿 묶을 때, 배고픈데 배우자가 점심 메뉴를 한참 고민할 때 등등. 우리는 이런 상황에서 쉽사리 짜증을 내고 그 이유를 타인에게서 찾곤 한다. 그러나 사실 짜증은 타인이 아닌 바로 나 자신에게서 비롯한다.

인정하자. 우리는 자신을 스스로 괴롭히고 있다. 성마른 태도 때문에 우리는 현재를 즐기지 못하고 매 순간을 만끽하지 못한다. 그리고 그 뒤에는 여지없이 실망과 불만족이 뒤따라온다. 이런 태도로 우리는 목적지에 도달할 수 있을까?

나무는 인내의 미덕을 너무나 잘 알고 있다. 나무는 넉넉한 풍채를 만들기 위해 평생 인내심을 갖고 자신에게 매일 충분한 시간을 준다. 그리고 그런 인내 끝에는 값진 보상이 뒤따른다. 땅속 깊이 뿌리를 잘 내린 나무는 수천 년을 살아가지 않는가. 우리도 괜한 일에 서두르기보다 나무처럼 하루하루를 충만하게 보내고 흘러가는 매 순간을 만끽할 수 있다면 어떨까? 그러려면 반드시 인내가 필요하다. 우리는 인내를 통해서만 일상과 인생을 온전히 누릴 수 있다.

충분히 인내하며 인생을 살아보자.
설령 길을 잃는다 해도 그것마저 기꺼이 즐기는
그런 인생 말이다.

짧은 시간에 해치워야 하는 이런저런 일들에 대한 걱정은 접어두고 딱 한 가지 행동에만 집중하다 보면 우리는 일상에서 일어나는 모든 일을 온전하게 경험할 수 있다. 그리고 그 시간을 온전히 즐기다 보면 어느 순간 훌쩍 성장해 있을 것이다. 또 그러다 잠시 멈춰 서서 주변을 돌아보면 우리를 향해 있는 어떤 신호나 기회를 포착할 수 있다.

이런 태도로 삶을 대할 때 우리는 스스로 감정을 통제하고 행동을 절제할 수 있다. 그래서 어떤 일도 섣불리 결정하지 않고 깊이 생각하며 언제나 신중하고 차분하게 행동할 수 있다. 하루하루에 대한 집중력, 삶에 대한 집중력이 높아지며, 주변 사람들과도 원만한 관계를 유지할 수 있다.

물론 누군가는 이러한 삶의 태도를 실천하는 일은 매우 어렵다고 말할 수 있다. 바쁜 일들에 떠밀려 사는 우리 삶에 '인내'는 어울리지 않는다고 말이다. 그러나 삶속에서 인내하지 못한다면 스트레스, 신경증, 짜증, 초조함 등 온갖 불편한 감정과 타인과의 말다툼 같은 불필요한 상황을 감내해야 한다. 우리가 인내할 때 감수해야 할 것은 고작 몇 분의 시간이다. 지나고 보면 별것 아닌 몇 분의 시간 때문에 이런 수많은 부작용을 감수하는 것이 과연 현명할까?

나무는 서두르지 않는다.

나무에게는 목적지가 없기 때문이다.

분주하게 뛰지 말고 나무처럼 여유를 가져보자.

나는 왜 짜증이 날까?

인내심을 키우려면 우선 자신을 돌아봐야 한다. 인생에서 짜증을 유발하는 것들을 파악하려면 먼저 스스로에 대해 알아야 한다. 짜증이 유발되기 전에 어떤 전조증상(신경질, 고함, 흥분, 불안 등)이 일어나는지 스스로 파악하면 괴로움은 한결 누그러진다. 자신의 상태나 약점을 스스로 알고 있다면 무엇을 고쳐야 할지 쉽게 발견할 수 있다.

인내심이 커지면 마음을 안정적으로 유지할 수 있으므로 쓸데없이 에너지를 낭비하지 않아도 된다. 감정이 크게 요동치거나 분노 같은 강렬한 감정이 분출될 때 에너지 소모 역시 크기 때문이다.

분노 같은 강렬한 감정을 표출한 뒤 평정심을 찾으려면 또 얼마나 많은 시간이 필요한가? 게다가 우리는 지나간 일들을 곱씹으며 얼마나 많은 시간을 낭비하고 있는가? 상황을 있는 그대로 받아들이고, 타인의 의견을 크게 신경 쓰지 않으며 감정을 통제할 수만 있다면 인내심은 더욱 커질 것이다. 그럼 더 큰 목표를 향해 계속 나아갈 수 있고 한층 더 나은 사람이 된 듯한 기분도 느낄 수 있을 것이다.

한 걸음 더: 감정이란?

인간의 감정은 크게 여섯 가지로 분류할 수 있다. 행복, 공포, 분노, 슬픔, 놀람, 혐오가 그것이다. 이런 감정들의 균형을 맞추는 일은 무엇보다도 중요하다. 감정은 인간에게 정보를 전달하고, 인간의 근본적인 욕구에 대한 신호로서 바깥으로 드러난다. 즉, 감정은 내면을 비춰주는 거울이다. 따라서 살아가며 불안이나 이상이 느껴질 때는 먼저 우리의 감정을 들여다볼 필요가 있다.

나무에게 배우기

"인내심을 갖고 나무처럼
올곧게 성장하려면?"

느림을 실천하기

느릿느릿한 무언가를 떠올리면 부정적인 이미지부터 크게 다가온다. 그러나 느림에는 많은 미덕이 숨어 있다. 무엇보다도 느리게 살아갈 때 우리는 살아 있다는 것을 느낄 수 있다.

잠시 멈춰 사색의 시간을 갖거나 크게 심호흡하기만 해도 우리는 삶 속에서 느림을 실천할 수 있다. 느리게 산다는 것은 인내심을 갖고 속도를 늦추면서 마음의 소리에 귀를 기울이고, 주변에서 강요하는 속도가 아니라 나만의 속도로 나아가는 삶의 방식을 선택하는 것이다. 어차피 스톱워치로 모든 행동의 시간을 재며 살 수는 없지 않은가. 그러니 너무 조급해하지 말자.

나의 속도와 옆 사람의 속도는 같을 수 없으며,
인생에 정해져 있는 적당한 속도 역시 없다.

깊이 뿌리 내리기

　발밑에 뿌리가 돋아 길게 뻗어나가다 땅속 깊이 뿌리내리는 상상을 해보자. 그러면 뿌리에서부터 위로 올라온 에너지가 우리 몸 전체에 퍼지고 우리 마음에까지 전달될 것이다. 이렇게 단단한 뿌리가 우리를 지탱해준다면 일상을 살아가며 일어나는 크고 작은 마음의 동요에 흔들리지 않는 단단한 마음을 가질 수 있다.

　나무는 드러나지 않는 뿌리부터 천천히 성장한다.
　뿌리를 단단히 내린 후에야
　비로소 힘차게 하늘 위로 뻗기 시작한다.

　난생처음으로 맞닥뜨리는 바람에도 끄떡없이 서 있으려면 나무는 튼튼한 기반을 만들어야 한다. 그래서 나무는 느리더라도 뿌리를 깊게 내리는 것이 무엇보다 중요하다. 나무에서 가지와 잎이 달린 부분(겉으로 드러나는 부분)의 크기는 뿌리 부분(겉으로 드러나지 않는 부분)의 크기에 비례한다. 잎과 가지를 펼치기 전에 보이지 않는 내면의 힘을 키운다면 어려움이 닥친다 해도 쉽게 무너지지 않을 것이다. 굳세고 단단한 나무는 하루아침에 만들어지지 않는다. 나무는 자신에게 충분한 시간을 주고 매 순간을 허투루 보내지 않는다.

누군가 가지를 아무리 잡아당겨도
나무는 저만의 속도로 뻗어나가며 성장한다.
그러니 우리도 자신에게 성장할 시간을 줘야 한다.

우리도 나무처럼 먼저 뿌리를 단단하게 내려보자. 한 걸음씩 천천히 나아가며 결실의 기쁨을 느껴보자. 나무는 자신이 충분한 힘을 가질 때까지 자연스러운 속도로 성장한다.

우리도 나무의 속도를 따라가보자. 앞으로 나아가되 맹목적으로 달려가지 말고 속도를 조금 늦추어보자. 하늘을 향해 뻗어나가는 나무처럼 성장을 위해서는 반드시 인내와 시간이 필요하다. 작은 실천들이 반복되고 쌓이다 보면 어느새 우리가 바라는 그곳에 도착해 있을 것이다.

우리는 왜 짧은 시간에 해낸 일에는 놀라워하면서
긴 시간을 거쳐 이뤄낸 일은 대수롭지 않게 여길까?

현재를 만끽하면 내면에 평안함이 찾아오고 비로소 인내의 미덕을 스스로 깨닫게 된다. 그다음에는 기막힌 우연, 예기치 않은 만남, 좋은 징조가 우리 앞에 나타날 것이고 좋은 기회 또한 저절로 찾아올 것이다.

인내란 급작스레 일어나는 일들을 멀리하고 단번에 무언가를 행하지 않는 것이다. 지금 바로 모든 것을 멈추고 기다림, 지루함, 침묵의 가치를 소중하게 여기자. 우리 모두를 위해, 우리와 관계를 맺고 있는 이들을 위해, 그리고 나 자신을 위해 이렇게 잠시 멈춰 있는 순간은 꼭 필요하다. 위대한 고독의 몸짓이라 할 수 있는 인내의 가치를 주변 사람들과 아이들에게도 전달해보자.

일상에 인내를 한 줌 보태면, 세상은 더욱 평온해지고 마음에는 위로와 행복이 찾아온다. 나만의 방식으로 내 주변에 생기와 활기가 넘치게 하자. 인내는 아름다움의 다른 이름이다.

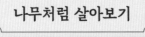

나무처럼 살아보기

"인내는 가장 실천하기 어려운 미덕이지만
가장 큰 결실을 선사하는 미덕이기도 하다."

– 악셀 옥센셰르나

스스로 질문하고 대답하기

지금까지 나무의 첫 번째 미덕, '인내'에 대해 배웠다. 이제 나무의 미덕을 삶에 적용할 준비를 해보자. 우선 아래 질문에 답해본 뒤 다른 질문도 떠올려보자.

· 질문하기 ·

Q. 하루를 마칠 때 어떤 기분을 느끼고 싶은가?

Q. 바쁘다고 생각할 때 나는 정말로 바쁜가?

Q. 오늘 하루 여유를 느낀 순간은 언제인가?

Q. 서두르거나 남을 재촉해서 무엇을 얻을 수 있는가?

· 질문 더하기 ·

Q. _____

Q. _____

Q. _____

🌿 마음에 새겨둘 다짐들

우리의 삶에 인내라는 열매를 맺어줄 작은 다짐들이다. 씨앗을 심듯 마음에 새겨보자. 우리도 모르는 사이 좋은 생각과 감정이 무럭무럭 자라날 것이다.

감정 느끼기

속도 늦추기

깊게 심호흡하기

책임감 있게 행동하기

지금 이 순간을 살아가기

긍정 확언과 목표

나무처럼 살아가기 위해 아래 문장을 아침마다 되새겨보자. 그리고 나무의 미덕을 삶에 적용하기 위한 목표를 세우고 지켜보자.

· 긍정 확언 ·

" 나는 가치 있다. 나의 성장에 필요한 시간을
스스로에게 허락할 것이다. "

· 나무처럼 살아보기 ·

(예시) 오늘부터 나는 불필요하게 주변 사람들을 재촉하지
않을 것이다.

1. _____

2. _____

3. _____

누군가 가지를 아무리 잡아당겨도.

나무는 저만의 속도로 뻗어나가며 성장한다.

그러니 우리도 자신에게 성장할 시간을 줘야 한다.

2장

나무에게 배우는 회복탄력성

우리가 어떤 시련에도 유연하게 대처한다면

우리에게 회복탄력성이 필요한 이유

"바람에 휘둘린 나무여야 진정으로 굳건해진다.
나무의 뿌리는 시련을 견디면서 더 튼튼해지기 때문이다."

– 세네카

모든 것이 불타더라도 소생하는 힘

회복탄력성은 시련들을 겪어내면서 습득하는 능력이다. 시련을 많이 겪으면 겪을수록 회복탄력성은 더욱 높아진다. 시련을 이겨내기 위해 스스로 질문을 던지다 보면, 이를 변화의 기회로 만들 수 있고 이후에 더 크게 성장할 수 있다.

나무는 본래 회복탄력성이 뛰어나다. 심지어 나무는 잿더미 속에서도 다시 소생하는 '초능력'을 갖고 있다. 산불이 났을 때 나무가 불에 타 쓰러지고 검게 그을려 죽은 것처럼 보여도 숨겨진 능력을 발휘해 나무는 다시 소생한다. 이런 자연의 능력이야말로 우리가 마땅히 배워야 하지 않을까?

시련을 겪으며 마음이 약해지거나 불안해질 때, 잿더미 속에서도 소생하는 내면의 능력을 갖춘 나무를 떠올려보자. 그리고 어려운 순간들이 닥친다 해도 그것을 성장의 계기로 삼아보자. 그렇게 할 수만 있다면 우리의 여정에서 수없이 우리를 가로막는 크고 작은 돌들과 자갈들은 오히려 성장의 발판이 될 것이다.

만약 나무가 앞을 가로막고 있다면
커다란 몸통만을 보지 말고 한 걸음 물러나
저 멀리 펼쳐진 숲을 바라보자.

회복탄력성은 하나의 능력이다. 이 능력은 수많은 문제가 일어나는 세상을 살아가기 위해 꼭 필요한 커다란 버팀목이다.

상황을 있는 그대로 받아들이는 용기

회복탄력성이 높으면 우리 삶은 어떻게 바뀔까? 먼저 회복탄력성이 높으면 여러 가지 새로운 능력을 습득하기 쉽다. 낯선 상황에 쉽게 적응하고, 또 상황을 있는 그대로 받아들이기 때문이다. 그리고 무엇보다 어떤 상황에도 유연하게 대처하는 능력이 커진다. 또한, 자기 자신과 삶에 대한 믿음이 커지므로 스트레스에도 강해진다.

회복탄력성을 높여 상황을 있는 그대로 받아들이고 어떤 것도 거스르지 말자. 불안한 마음으로 살지 않도록 스스로에게 기회를 주자. 회복탄력성은 지레 포기해 버리는 것이 아니라 상황을 그대로 받아들이는 능력이다. 비록 우리가 일어나는 문제들을 통제할 수는 없지만, 그것을 어떻게 받아들이고 대처할지는 결정할 수 있다. 간디도 말하지 않았던가.

"힘든 시기를 지날 때, 삶을 비관하지 마십시오.

여러분은 단지 더 강해지고 있을 뿐입니다."

춥다고, 바람이 분다고, 모래가 인다고, 태양이 뜨겁다고, 산책하는 사람이 귀찮다고, 아니면 온종일 새들이 지저귄다고 불평하는 나무를 본 적이 있는가? 나무는 이 모든 상황을 묵묵히 받아들인다.

무엇보다 긍정적인 태도가 중요하다. 긍정적인 태도는 낙관주의에서 비롯한다. 모든 문제에는 해결책이 있고 해결책이 없는 문제는 없다고 믿어보자. 주변에 조언을 구할 만한 사람들이 있다면 더할 나위 없이 좋다. 기댈 수 있는 누군가가 있다는 것만으로 우리는 한층 더 나은 삶을 살 수 있다.

한 걸음 더: 낙관주의란?

낙관주의란 세상을 바라보는 하나의 방식으로 바보 같은 순진함이 아니라 무슨 일이든 있는 그대로 받아들이고 일상에서 긍정적인 면을 발견하는 태도이다. 또 맞닥뜨린 일들에 대해 불평하거나 외면하지 않는 태도이기도 하다.

우리는 저마다 자신에게 일어난 문제를 나름의 방식으로 받아들인다. 이제부터 미소를 지으며 발전적이고 건설적으로 문제에 대처해보자. 그렇게 할 수만 있다면 우리는 언제나 긍정적인 마음가짐으로 살아갈 수 있다.

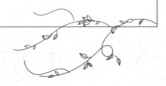

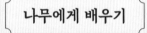

나무에게 배우기

"상황을 회피하지 않고
있는 그대로 받아들이는 나무처럼
회복탄력성을 가지려면?"

5분 동안 감정 쏟기

작든 크든 어떤 문제가 발생해 우리의 감정을 건드릴 때, 딱 5분 동안 감정을 푸는 시간을 가져보자. 마음껏 불평해도 좋고, 마구 소리를 질러도 좋고, 편하게 울어도 좋고, 화를 내도 좋다. 그 어떤 방식이어도 괜찮다. 바깥으로 내보내야 할 모든 감정을 쏟아내자. 딱 5분 동안 말이다. 마음속에 담고 있기에는 너무나 무거운 감정들을 쏟아내고 낸 다음, 상황을 받아들이고 해결책을 찾아보자.

반드시 할 수 있다고 말하기

"어차피 내가 바꿀 수 있는 것은 무엇도 없다."

"어차피 해내야 한다면 받아들이자."

"나는 강하기 때문에 두렵지 않다."

긍정적이고 단순한 문장을 스스로 되뇌자. '자기 암시'를 하듯 말이다. 이런 문장들은 문제의 본질을 파악하게 하고, 잠재력을 끌어내 우리가 자신감과 회복탄력성을 가지고 앞으로 나아가게 한다. 또한, 우리에게 건설적이고 긍정적인 에너지를 전달하여 태도를 적극적으로 바꾼다.

우리 안에는 강력한 힘이 있다. 스스로를 믿어보자. 회복탄력성은 현실을 있는 그대로 받아들이고 결정한 방향으로 나아가게 하는 역동적인 힘이다. 현실을 부정하지 않을 때 우리는 비로소 성숙해진다.

예기치 못한 문제가 벌어졌을 때 나무는 담담히 그것을 받아들이고 도움을 청하며 자신의 방식대로 문제를 풀어나간다. 불쾌하고 실망스러운 상황을 받아들이지 못하고 계속 의심하거나 곱씹으며 쓸데없이 에너지를 낭비하지 않으면 우리는 그만큼 더 성장할 수 있고 그만큼 더 많은 것을 해낼 수 있다.

자신의 가지를 뽑아서
자신을 채찍질하는 나무를 본 적이 있는가?
나무는 있는 그대로 자신을 받아들인다.

인생을 살아가며 누구나 어려움에 부딪힌다. 아무 이유 없이 누군가 나를 해할 수도 있고, 예상치 못한 빚이 생길 수도 있으며, 소중한 가족이 사고를 당할 수도 있다. 그 어려움을 이겨낼 때 우리는 비로소 자신의 한계를 뛰어넘을 수 있다. 어려움에 굴복하지 않고 꿋꿋하게 맞서며 자신의 능력을 믿는 것, 그것이 우리가 인생을 살아가며 풀어가야 할 숙제이다. 어려움은 우리에게 주어진 기회이다. 그 속에 숨은 선물을 발견하는 것은 각자의 몫이다.

어떤 어려움이든 그 뒤에는 언제나 기회가 숨어 있다. 따라서 어려움을 무작정 피하려고만 해서는 안 된다. 불평만 늘어놓거나 시간을 되돌리고 싶다는 생각 따위는 떨쳐버리자. 대신 우리가 처해 있는 그 자리에서 스스로에게 물어보자.

"나는 지금 무엇을 할 수 있는가?"

생의 마지막 순간, 임종이 다가온 우리의 모습을 상상해보자. 그때의 나는 어떤 모습일까? 자신의 삶을 주도적으로 이끌어간 사람일까? 아니면 인생에서 일어나는 문제에 휩쓸리거나 두려운 마음에 회피하느라 기회를 놓치고 만 사람일까?

나뭇가지에서 떨어진 낙엽처럼 바람에 이리저리 휩쓸리는 인생을 살아서는 안 된다. 갑작스레 부는 바람, 보이지 않는 미지의 어떤 것에 맞서 시련이 닥쳤을 때 우리가 할 수 있는 최선의 행동이 무엇인지 곰곰이 생각해보자.

가을이면 순순히 잎사귀를 떨구는 나무처럼 닥친 현실을 애써 부정하려 하지 말자. 현실을 부정해봤자 인생에 아무런 도움도 되지 못할뿐더러 쓸데없이 에너지만 낭비하게 된다. 고통을 원동력으로 바꾸는 법을, 나 자신을 넘어서서 더욱 강해지는 법을 배워야 한다. 불쾌하거나 충격적인 사건을 직면하기 두려울 수 있다. 하지만 앞서 말했듯이 우리에게는 이를 맞서나갈 힘이 있다.

안일한 태도를 버릴 때 자신감과 자존감은 더욱 단단해지는 것은 물론, 더욱 의연하고 굳건하게 삶을 대하는 방식을 터득함으로써 새로운 세상에 도달할 수 있을 것이다.

그때부터 우리는 새로운 출발점에서 닥쳐오는 어려움에 맞설 수 있다. 시간이 흘러 삶의 종착역에 도착했을 때 자신을 자랑스럽게 여길 수 있고, 비로소 우리가 성취해낸 것들을 실감할 것이다.

인간이 진가를 드러내는 때는
바로 어려움을 겪을 때이다.

이런 경험들이 차곡차곡 쌓이면 우리의 적응력과 삶에 대한 예측력은 더욱 향상될 것이다. 누구나 해결해야 하는 문제를 안고 산다. 각자 안고 있는 문제가 다르고 그 문제에 맞닥뜨리는 시기도 다르지만 누구도 그것을 피해갈 수는 없다.

그렇다면 즐겁고 가벼운 마음으로 목적지에 도달하

겠다는 굳은 결심을 하고 앞으로 나아가보자. 회복탄력성이란 어떤 상황에서도 자신감을 잃지 않는 능력이다. 지겹겠지만 다시 말하겠다. 우리에게는 무궁무진한 잠재력이 있다.

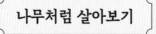
나무처럼 살아보기

"인생이란 폭풍이 지나가기만을 기다리는 것이 아니라,
빗속에서 춤추는 법을 배우는 것이다."

– 세네카

스스로 질문하고 대답하기

지금까지 나무의 두 번째 미덕, '회복탄력성'에 대해 배웠다. 이제 나무의 미덕을 삶에 적용할 준비를 해보자. 우선 아래 질문에 답해본 뒤 다른 질문도 떠올려보자.

· 질문하기 ·

Q. 시련이 닥쳐올 때 어떻게 대처할 것인가?

Q. 이 시련을 통해 무엇을 배울 수 있을까?

Q. 이 시련 뒤에는 어떤 기회가 찾아올까?

Q. 시련을 겪고 난 뒤 나는 어떤 사람이 될까?

· 질문 더하기 ·

Q. _____

Q. _____

Q. _____

마음에 새겨둘 다짐들

우리의 삶에 회복탄력성이라는 열매를 맺어줄 작은 다짐들이다. 씨앗을 심듯 마음에 새겨보자. 우리도 모르는 사이 좋은 생각과 감정이 무럭무럭 자라날 것이다.

긍정적인 태도

자신감 느끼기

현실 받아들이기

억지로 거스르지 않기

다가올 기쁨 기대하기

긍정 확언과 목표

나무처럼 살아가기 위해 아래 문장을 아침마다 되새겨보자. 그리고 나무의 미덕을 삶에 적용하기 위한 목표를 세우고 지켜보자.

· 긍정 확언 ·

" 어떤 시련이 닥쳐도 나는 그것을

기회로 삼을 것이다. "

· 나무처럼 살아보기 ·

(예시) 나는 오늘부터 화가 날 때 딱 5분 동안만 감정을 쏟아내고 해결책을 찾을 것이다.

1. _____

2. _____

3. _____

어느 가을날, 가지에서 떨어지려 하는 나뭇잎에

두렵지 않으냐고 물었습니다.

그러자 나뭇잎은 이렇게 답하더군요.

"저는 봄, 여름 동안 나무에게 양분을 주려고

열심히 일했고, 저의 많은 부분이 나무 안에 있어요.

보이는 게 전부가 아니랍니다.

저 역시 저 나무라고 할 수 있어요.

땅으로 돌아가면 전 다시 나무에게 양분을 줄 거예요.

그러니 조금도 두려워할 이유가 없어요.

이 가지에서 떨어져 흙으로 돌아갈 때,

나무에게 손 흔들며 곧 다시 만나자고 인사할 거예요."

그날 바람이 불었고 얼마 후에 가지에서

나뭇잎 하나가 떨어져 땅에 나뒹굴었습니다.

나뭇잎은 이미 자신이 나무 안에 있다는 것을 알았죠.

저는 정말로 기뻤습니다.

나뭇잎 하나에도 배울 것이 많다고 생각하니

절로 고개가 숙여졌습니다.

- 틱낫한

3장

나무에게 배우는 포용력

우리가 자신과 타인에게 너그러워진다면

우리에게 포용력이 필요한 이유

"인간의 선함은 가릴 수 있어도
결코 깨뜨릴 수 없는 불꽃이다."

- 넬슨 만델라

🌿 나와 당신을 위한 미덕

포용력은 자신뿐만 아니라 타인을 너그럽게 감싸주는 힘으로 상대를 포용하려면 무엇보다 선한 마음으로 상대를 배려할 줄 알아야 한다. 또한 포용력은 부정적인 마음을 떨쳐내고 나 자신과 타인을 있는 그대로 존중하며 모두를 행복하게 하는 미덕이다.

나무는 땅으로 잎을 떨구며 양분을 만들고 토양의 질을 높여 더 좋은 환경을 만든다. 그렇다면 우리는 나무처럼 마음을 넓게 쓰고 있을까? 우리는 이 땅을 보호하기 위해 무엇을 하고 있는가? 우리의 발자취는 어떤 의미를 남기고 있는가? 우리의 행동은 사람들의 마음을 따뜻하게 하는가?

친절은 타인뿐 아니라 우리 자신을 위한 일이다. 친절을 베풀면 스트레스 호르몬인 코르티솔이 감소하는 반면에 행복 호르몬인 세로토닌은 증가한다. 따라서 너그러운 마음을 가지면 우울감이 줄어들고 자존감은 올라가 우리도 긍정적으로 변화한다.

너그러운 마음은 관용으로 이어진다. 관용이야말로 이 세상에 없어서는 안 될, 우리 모두 갖추어야 하는 미덕이다. 다양성과 사상의 자유를 인정할 때 우리는 함부로 재단되지 않을 것이다.

일상에서 타인의 행복을 진정으로 바라며 행동하고 있는가? 우리와 매일 마주치는 사람들에게 베푼 친절과 공동체에 퍼트린 선한 마음은 세상에 전파되어 결국 나에게 다시 되돌아올 것이다. 사람은 생각하는 대로 된다. 가치 있는 행동을 하며 부정적인 감정을 떨쳐내고 마음을 깨끗하게 정화해보자.

나무는 질문하는 법이 없다.
우리가 누구인지도 상관하지 않고
너른 품을 내어준다.

나무는 갑작스레 내리는 비로부터, 부정적인 생각으로부터 우리를 보호해준다. 나무는 존재 자체로 우리에게 좋은 에너지를 전달한다.

넉넉한 마음 씀씀이를 가진 나무는 평생을 베풀며 살아간다. 나무는 인간이 생존하고 번성할 수 있게 도울 뿐만 아니라 다른 나무들이 살아갈 수 있도록 매일 자기 일을 묵묵히 해낸다. 나무는 병이 난 개체가 있으면 지원을 아끼지 않으며 그 나무가 죽지 않게 보살핀다. 인간에게도 타인을 지원하고 도와주는 본성이 있지 않을까? 우리도 공동체 모두의 행복과 발전을 위해 옳고 그름을 따지기 전에 하나로 뭉쳐 서로를 지지해주면 어떨까? 그렇게 나무를 닮아갈 수 있다면 타인을 너그럽게 품어주는 평화로운 세상은 그리 멀지 않은 곳에 있을 것이다.

나무는 자신의 곁에서 성장하고 발전해가는 우리를 지켜보고 있다. 우리가 분주히 움직이는 동안 나무는 고요하고 평온하게 그 자리에 서 있다. 나무는 마치 부모처럼 우리가 무언가를 경험하며 시행착오를 겪는 모습을 그저 조용히 바라본다. 인생의 길잡이, 또는 지표로서 우리에게 중요한 것이 무엇인지를 알려주는 훌륭한 이타주의자인 나무는 우리가 성장할 수 있게 도와준다. 마음을 차분히 가라앉히고 정신적으로 더 성숙한 사람이 되기 위해 매일 한 걸음씩 앞으로 나아가보자.

나무는 인간을 비롯한 다른 모든 생명체와 마찬가지로 에너지를 전파한다. 어떤 생명체는 우리에게 해를 끼치지만, 나무는 우리를 이롭게 한다.

나무는 존재만으로
우리의 마음을 평온하게 만들고 치유하며
우리에게 새로운 에너지를 전달한다.

우리는 대부분 베풂의 미덕을 배워야 알 수 있다고

생각하지만 사실 그런 마음은 이미 우리 안에 존재한다. 그러니 우리는 그저 그것을 찾아내 실천하기만 하면 된다.

타인과 잘 지내려면 우선 나 자신과 잘 지내야 한다는 것을 명심하자. 먼저 자신에게 친절을 베풀고 자신을 사랑하며 자신을 있는 그대로 받아들일 줄 알아야 한다. 나 자신의 가장 친한 친구가 되어 자신을 이해하고 사랑하며 보듬어주자. 우리 스스로 자신만의 나무가 되어 주저하지 않고 앞으로 나아갈 수 있도록 자신을 격려해주자.

나에게 인내와 사랑, 친절과 관용을 베풀자. 그리고 마음의 여유를 가지고 매일매일 삶의 미덕을 실천하자.

나는 나에게 친절한가?

포용력을 키우려면 무엇보다도 자신을 믿어야 한다. 타인에게 친절한 사람이 되려면 먼저 자신에게 친절해야 한다. 나 자신을 있는 그대로 받아들이자. 내가 완벽하지 않다는 것을 인정하고 나 자신을 존중하자.

이것이 바로 나 자신과 잘 지내기 위한 첫걸음이다. 서로 상냥하게 소통하는 것만으로도 우리는 행복에 한 걸음 더 다가설 수 있다. 포용력은 상대에 대한 존중과 비폭력으로 실현되는 삶의 미덕이다. 그럼 이제 서로를 바라보며 미소 짓고 사랑하며 하루를 시작해보자.

한 걸음 더: 비폭력 대화란?

비폭력 대화(Nonviolent Communication) 란 타인을 존중하며 불화를 해결하려는 대화 방식으로 인간관계에서 일어날 수 있는 여러 갈등을 효과적으로 조정해주는 매우 훌륭한 소통방식이다. 비폭력 대화를 하며 우리는 서로에게 도움이 되는 관계를 맺고 어느 한쪽을 패배자로 만들지 않으면서 진심 어린 대화로 평화로운 관계를 만들어나갈 수 있다. 비폭력 대화는 상대의 마음을 건드리지만, 절대 상처는 내지 않는다.

나무에게 배우기

"타인에게 관용을 베풀고
나무처럼 모든 생명체를 존중하려면?"

비폭력 대화법 실천하기

비폭력 대화법을 실천하면 누구나 긍정적으로 자신의 의견을 표현할 수 있고 그에 따라 더 쉽게 상대로부터 협력과 상생을 끌어낼 수 있다. 미국 심리학자 마셜 로젠버그(Marshall B. Rosenberg)가 개발한 이 대화법은 아래 네 단계를 따른다.

- 관찰(Observation): 어떤 상황에서 실제로 일어나고 있는 것을 있는 그대로 관찰하기
- 느낌(Feeling): 상대방의 행동을 보았을 때의 느낌을 표현하기
- 욕구(Need): 내 삶을 더 풍요롭게 하기 위해 내면의 욕구를 표현하기
- 부탁(Request): 다른 사람이 해주길 바라는 것을 구체적으로 부탁하기

욕구 파악하기

타인과 잘 지내려면 자신과 먼저 잘 지내야 한다고 했다. 그리고 자신과 잘 지내려면 자신의 욕구를 잘 파악할 줄 알아야 한다. 또한 욕구와 욕망을 구분해 한계선을 정하면 그 틀 안에서 명확하게 행동할 수 있다.

자신이 어떤 사람인지 파악하고
자신의 행복을 돌볼 수 있다면
우리는 더 나은 삶을 향해 나아갈 수 있다.

뿌린 대로 거둔다는 말이 있다. 그러면 어떤 씨앗을 뿌려야 할까? 우리 안에 이미 존재하지만 자신을 방어하기 위해 감추고 있던 너그러운 마음을 공동체의 행복을 위해 꺼내면 된다. 사랑, 신뢰, 기쁨의 에너지를 발산하고 그로 인해 삶이 어떻게 변하는지 느껴보자.

포용은 타인을 겁박하지 않고 서로 선한 영향력을 주고받으며 각자의 소통방식을 되돌아보는 기회를 마련해준다. 공감과 연대야말로 우리가 늘 바라던 미덕 아닌가? 누구나 속마음을 털어놓아도 그 말을 가벼이 여기지 않고 가만히 귀 기울여주는 사람이 인생에서 필요하다. 자비와 연민은 그것을 받는 사람이나 베푸는 사람 모두의 마음에 충만한 행복을 안겨준다.

　서로의 어깨를 내어주며 앞으로 나아가면 해내지 못할 일이 없다. 타인을 억압하거나 이용하려 들지 않고 우리 모두 이런 발전적인 관계를 만들면 어떨까? 제자리에서 다른 나무를 돕기 위해 그저 묵묵히 자기 일을 해내는 나무처럼 우리도 자신의 자리에서 타인을 도울 수 있는 사람이 되도록 노력해보자.

나무처럼 살아보기

"내가 거둔 가시들은
내가 심어놓은 나무에서 온 것들이다."

— 조지 고든 바이런

🌿 스스로 질문하고 대답하기

지금까지 나무의 세 번째 미덕, '포용력'에 대해 배웠다. 이제 나무의 미덕을 삶에 적용할 준비를 해보자. 우선 아래 질문에 답해본 뒤 다른 질문도 떠올려보자.

· 질문하기 ·

Q. 오늘 다른 사람을 어떻게 도울 수 있을까?

Q. 뿌듯함을 느끼려면 오늘 무엇을 해야 하는가?

Q. 나는 자신을 잘 돌보고 있는가?

Q. 나는 양질의 인간관계를 위해 노력하고 있는가?

· 질문 더하기 ·

Q. _____

Q. _____

Q. _____

🌿 마음에 새겨둘 다짐들

우리의 삶에 포용력이라는 열매를 맺어줄 작은 다짐들이다. 씨앗을 심듯 마음에 새겨보자. 우리도 모르는 사이 좋은 생각과 감정이 무럭무럭 자라날 것이다.

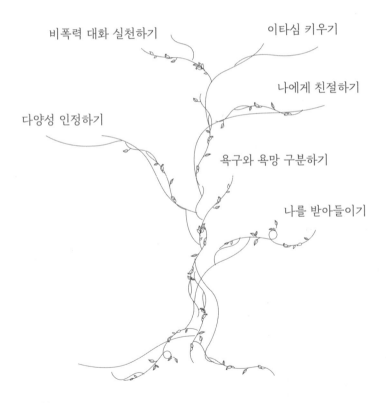

비폭력 대화 실천하기

이타심 키우기

나에게 친절하기

다양성 인정하기

욕구와 욕망 구분하기

나를 받아들이기

긍정 확언과 목표

나무처럼 살아가기 위해 아래 문장을 아침마다 되새겨보자. 그리고 나무의 미덕을 삶에 적용하기 위한 목표를 세우고 지켜보자.

· 긍정 확언 ·

" 난 나를 믿는다.

그리고 나를 소중히 여길 것이다. "

· 나무처럼 살아보기 ·

(예시) 나는 '완전히 망했어'라고 말하는 대신 '더 잘할 수 있어'라고 말할 것이다.

1. _____

2. _____

3. _____

누군가 기대어 쉴 수 있는 나무처럼
함께 있어 좋은 사람이 될 수 있다면

품에 안고 싶은 나무처럼
함께 걸어가고 싶은 사람이 될 수 있다면

보기만 해도 마음이 편안해지는 나무처럼
언제나 곁에 두고 싶은 사람이 될 수 있다면

각자의 방식으로 서로를 재단하지 않고
정신과 마음을 성장시키는
나무, 그리고 사람이 될 수 있다면

4장

나무에게 배우는 감수성

우리가 마음이 이끄는 대로 살아간다면

우리에게 감수성이 필요한 이유

"마음으로 보아야 제대로 볼 수 있어."

- 앙투안 드 생텍쥐페리, 『어린왕자』

삶의 목적은 생존이 아니다

두려움 없이 마음이 이끄는 대로 살아가면 행복은 멀지 않은 곳에 있다는 것을 알게 된다. 실제로 마음이 이끄는 대로 살아가면 우리는 더 큰 행복을 느낄 수 있다. 새로운 사람들을 만나 새로운 경험을 해보고 마음이 이끄는 대로 따라가보자. 때로는 마음을 비워내고 재정비할 필요가 있다.

두려움이나 걱정으로 마음이 무거우면
몸을 지탱하고 서 있기도 힘들다.
걷다가도 멈춰야 하고 앞으로 나아가기도 힘들다.

서로 손을 맞잡고 앞으로 나아가고자 하는 의지를 되새겨보자. 전자기기와 컴퓨터 같은 신기술은 때로 인간의 타고난 욕구를 차단한다. 콘크리트로 만든 빌딩 숲

역시 우리의 마음을 딱딱하게 만든다. 이처럼 차갑고 딱딱한 현시대를 살아가기 위해서는 나란히 늘어선 나무들처럼 가까운 사람들과 마음을 맞대고 하나가 되어 앞으로 나아가는 지혜를 배워야 한다.

나무는 주변의 모든 생명체와 조화를 이루며 살아간다. 나무의 겉모습에서 드러나는 평온함은 나무의 내면이 안정적이고 긍정적인 에너지로 가득 차 있다는 것을 보여준다.

바깥으로 드러나는 우리의 삶 역시
우리의 내면을 고스란히 보여주는
거울이라는 것을 잊지 말자.

자신의 모든 것을 다른 생명체들과 나누는 나무의 위대한 이타심은 매일 너무나도 바쁜 인간 세상에서는 찾아보기 어려운 미덕이다. 자신을 보호하기 위해 모든 것에 방어막을 치는 우리도 이제 마음을 열고 온화한 태도로 타인에게 관용을 베풀어보면 어떨까? 그렇게 할 수만 있다면 우리가 느끼는 행복의 크기는 더욱 커질 것이다. 타인이나 낯선 사람, 혹은 그저 스쳐 지나는 사람을 사랑하기란 분명히 쉽지 않은 일이다. 그러나 거울에 우리 모습을 비춰 보면 조금은 희망을 품을 수 있다.

우선 우리의 말과 행동을 관찰해보자. 하루 동안 타인을 위해 마음을 연 순간이 있는가? 있다면 몇 번이나 되는가? 사람들의 마음을 편안하게 해주고 더 성숙한 사람으로 거듭나기 위해 조금씩 더 노력해보자. 이런 보편적인 사랑을 키워가다 보면 우리는 더 원만한 인간관계를 맺을 수 있다.

또한 종교적 차원에서든, 현실에서든 우리 자신을 비롯한 공동체의 성장을 위해 조건 없이 선한 행동을 실천해보자. 이 세상에 우리의 아름다움을 보여주자.

인간의 목적이 그저 생존이어서는 안 된다.

사회적 동물인 인간은 모두에게

사랑과 관심이 있어야 한다.

나무에게는 자아도, 두뇌도 없다. 그러나 나무의 내면에는 마음이 이끄는 곳을 가리키는 나침반이 있다. 그 나침반은 나무뿐만 아니라 우리의 내면에도 존재한다. 마음에 따라 행동하려면 가장 먼저 모든 생각을 멈춰야 한다. 우리의 마음은 선하고 좋은 것이 무엇인지 알고 있으니 두려워하지 말고 마음이 이끄는 대로 따라가보자.

이처럼 다른 생명체를 위한 감수성으로 가득 찬 나무가 얼마나 오래 사는지를 생각해보면, 우리 역시 나무처럼 관용을 베풀며 산다고 손해 볼 일은 없지 않겠는가? 품위 있는 나무는 고귀한 침묵 속에서 넉넉한 마음 씀씀이를 보여준다.

나무가 보여주는 나눔의 미덕은

우리가 나무에게서 배울 수 있는

최고의 미덕이다.

감수성을 키우려면?

우선 자신의 사고방식을 파악하고 관찰해보자. 그리고 활짝 열린 마음으로 이 세상과 이 세상 모든 이들에게 환한 빛을 전달해보자. 우리는 모두 저마다 현생에서 업보를 풀고 살아가야 한다. 그렇기에 열린 마음으로 서로를 보듬어준다면 업보는 훨씬 가벼워지고 새로운 세상을 향해 나아갈 수 있을 것이다.

바깥에서 무슨 일이 일어나든 내면의 평온함을 유지하는 것을 행복이라 부를 수 있다면, 이 행복은 우리에게 어떤 일이 닥치더라도 우리를 더욱 아름다운 목적지로 안내하고 이끌어줄 것이다.

한 걸음 더: 행복이란?

행복이란 내면에서 일어나는 평온한 감정이다. 그런데 행복에는 두 가지 유형이 있다. 바로 상대적 행복과 절대적 행복이다. 상대적 행복은 모든 일이 무탈하게 흘러갈 때만 느끼는 행복이고, 절대적 행복은 무슨 일이 일어나든 관계없이 언제나 우리 안에 존재하는 행복이다. 그러므로 우리의 궁극적 목표인 행복한 삶을 원한다면 살아가는 동안 수많은 시련을 만나고 극복하는 과정에서 부정적인 감정에 매몰되지 않도록 스스로를 돌보며 절대적인 행복을 지켜야 한다.

나무에게 배우기

"공감 능력을 키워
나무처럼 성숙하게 성장하려면?"

감정을 명확하게 표현하기

상대방에게 상처를 주지 않고 감정을 표현하는 연습을 해보자. 그러려면 우선 자신의 수동성과 공격성을 누그러뜨릴 줄 알아야 한다. 인간은 누구나 존엄하며 의사를 표현할 권리가 있다.

중요한 것은 타인의 호의를 무시하거나 왜곡하지 않고 올바르게 그 권리를 실행하는 것이다. 명확하게 자신의 의사를 표현하면 안정적인 인간관계를 유지할 수 있다. 그런 관계에서는 서로의 요구사항을 경청하고 이해하려 노력하며 올바른 의사 표현으로 갈등도 최선의 해결책으로 풀어나갈 수 있다.

매사에 감사하기

　이 세상 모든 것은 에너지로 이루어져 있고 우리의 에너지는 다시 세상으로 전파된다. 그래서 우리가 부정적인 감정을 전파할 때 삶이 더욱 힘들어지는 것은 어쩌면 당연한 일일지 모른다.

　매일 저녁 오늘 하루를 무탈하게 보낸 것에 감사 일기를 쓰는 것부터 시작해보자. 그렇게 하면 에너지의 선순환이 이루어져 어느 순간 깊은 행복감이 느껴질 것이다. 우리는 저마다 창의적인 생각을 품고 있다. 그런 생각을 행동으로 옮겨 이 세상을 함께 변화시켜 보는 건 어떨까? 진정한 자신을 만나는 시간을 갖고 잠시라도 우리 내면의 힘이 이끄는 대로 따라가보자.

　사랑과 절제를 연습하자. 모두 함께 아름다운 관계를 맺으며 앞으로 나아갈 수 있도록 함께 연대하자. 나무에는 어느 하나 중요하지 않은 부분이 없고 불필요한 부분도 없다. 나무는 반으로 잘려도 계속 생존하며 숲에 도움이 되는 물질을 만들어내고 숲을 이롭게 한다. 공존은 평온한 삶을 사는 데 가장 중요한 덕목이다.

지구에는 무려 3조 그루의 나무가 있지만
나무가 서로 다투는 일은 절대 없다.

서로를 존중하며 있는 그대로 서로를 사랑하고 평화롭게 살아가는 나무야말로 우리가 본받아야 하는 가장 훌륭한 모델이다. 매일, 매 순간을 잘 가꾸어 나가면 그 하루하루는 우정과 사랑으로 가득 채워질 것이다.

나무처럼 살아보기

"때로 나무는 인간보다 풍경을
더욱 인간답게 만든다."

– 질베르 세스브롱

스스로 질문하고 대답하기

지금까지 나무의 네 번째 미덕, '감수성'에 대해 배웠다. 이제 나무의 미덕을 삶에 적용할 준비를 해보자. 우선 아래 질문에 답해본 뒤 다른 질문도 떠올려보자.

· 질문하기 ·

Q. 오늘 나는 내 마음의 소리에 귀를 기울였나?

Q. 내면의 목소리는 나에게 무슨 말을 하고 있나?

Q. 나는 진정한 나를 만나기 위해 노력했는가?

Q. 공동체를 돕기 위해 나는 무엇을 할 수 있는가?

· 질문 더하기 ·

Q. _____

Q. _____

Q. _____

마음에 새겨둘 다짐들

우리의 삶에 감수성이라는 열매를 맺어줄 작은 다짐들이다. 씨앗을 심듯 마음에 새겨보자. 우리도 모르는 사이 좋은 생각과 감정이 무럭무럭 자라날 것이다.

정확히 의사 표현하기

내면과 대화하기

자주 감사하기

절대적 행복 챙기기

이타적으로 생각하기

긍정 확언과 목표

나무처럼 살아가기 위해 아래 문장을 아침마다 되새겨보자. 그리고 나무의 미덕을 삶에 적용하기 위한 목표를 세우고 지켜보자.

· 긍정 확언 ·

" 나는 스스로를 사랑하고,

지구의 모든 이를 사랑하며 살 것이다. "

· 나무처럼 살아보기 ·

(예시) 매일 아침 나는 내면의 목소리를 듣고 그 목소리가 이끄는 대로 하루를 보낼 것이다.

1. _____

2. _____

3. _____

인간의 목적이 그저 생존이어서는 안 된다.
사회적 동물인 인간은 모두에게
사랑과 관심이 있어야 한다.

5장

나무에게 배우는 소통

우리가 서로의 이야기에 귀 기울인다면

우리에게 소통이 필요한 이유

"슬프게도 인간은
자연이 하는 말을 듣지 않는다."

- 빅토르 위고

에너지도 소통 수단이다

나무는 말할 수 없지만, 소통은 단지 말로만 이루어지는 것이 아니다. 소통은 전달의 동의어로 정보를 서로 교환하는 일련의 과정이다. 그러니 소통 능력이 좋은 사람은 전달 수단과 상관없이 상대에게 자신이 전하고 싶은 정보를 쉽게 이해시킬 수 있다. 소통을 위한 수단에는 말 이외에도 시선, 자세, 몸, 말주변, 어조 등이 있다. 그리고 또 다른 중요한 소통 수단이 존재한다. 바로 에너지다.

에너지로 소통을 한다니? 낯설게 느껴질 수도 있다. 그러나 상대에게 의사를 전달하고 이해시키는 과정에서 우리는 상대와 관계를 형성하고 에너지를 주고받는다. 이 관계가 형성되지 않는다면 상호 이해는 불가능하다. 이렇게 의사소통은 에너지라는 또 다른 차원에서도 이루어질 수 있으며 우리가 인식하지 못한다 해도 그것은 우리의 감정에 커다란 영향을 미친다. 에너지는 눈에 보이지는 않지만, 마음을 평온하게 해주고 삶에도 영향을 준다.

어떤 이는 우리의 에너지를 끌어올리고
또 어떤 이는 우리를 '차분하게' 가라앉힌다.
우리도 나무처럼 끊임없이
서로 에너지를 주고받고 있다는 증거다.

나무 역시 저마다 가진 정보들을 숲속 친구들과 공유한다. 누군가는 숲속에는 와이파이가 없지만 나무들은 분명 서로 긴밀하게 소통하고 있을 것이라고 말한다. 나무는 그들만의 인터넷, 우드 와이드 웹(wood wide web)이라 불리는 숲속 통신망을 이용한다. 땅속에 숨어 있는 이 광대한 네트워크는 땅속 깊은 곳에 있는 뿌리와 균류의 공생관계를 통해 형성된다. 이런 균근(菌根)

네트워크는 인간 세상의 통신 네트워크가 부럽지 않을 정도로 잘 발달되어 있다.

나무는 협동하며 정보를 교환한다. 나무가 시련을 이겨내고 오래 살아갈 수 있는 이유는 바로 이런 상부상조 네트워크 덕분이다.

나무들의 정보 교류는 자신들을 보호하는 가장 큰 무기이다. 이러한 상생 관계에서는 어느 누구도 소외되지 않는다.

나무들은 위기를 겪을지라도
마냥 슬퍼하지 않고 재빠르게 대처한다.
서로를 지켜가는 방식으로 말이다.

나무는 외부의 침입이나 공격으로부터 자신을 지킬 수 있는 기술을 스스로 개발했다. 나무는 위험한 상황이 닥치면 주변 나무들에 경고하는 화학적 신호를 보낼 수 있다. 그리고 그 덕분에 모든 나무가 안전하게 생존할 수 있다. 나무는 도망치거나 움직이지 않고도 몸에 있는 수백 개의 감각 센서로 이토록 놀라운 능력을 발휘한다. 나무는 심지어 자신의 몸 이곳저곳을 여러 다른 생명체에게 내어주기까지 한다. 동물들에게 서로에게 이익을 주며 함께하는 이러한 공생 관계는 축복과도 같다. 나무는 균류, 곤충류, 또는 척추동물류와 긴밀한 관계를 유지한다.

나무는 삶이 비정하다는 것을 일찌감치 알아차렸는지도 모른다. 그래서 소통의 방법을 궁리하고 온갖 종의 친구들과 깊은 연대를 이루며 굳건한 동맹군을 결성한 것이 아닐까?

식물에게 친절한 말을 건넬 때, 식물이 훨씬 건강하게 성장한다는 사실은 이미 널리 알려져 있다. 우리 역시 다양한 상황에서 다른 이들과 소통하며 서로 영향을 주고받는다. 나무가 서로 소통하지 않고 숲속 네트워크

를 끊어버렸다고 상상해보자. 그런 상황에서 나무들이
홀로 온갖 위협에 맞설 수 있겠는가?

인간은 생각한 대로 살게 되므로
선하고 긍정적인 생각을 해야 한다.

그러면 우리 모습에 영감을 받은 다른 이들과 서로
진정한 소통을 할 수 있을 것이다.

진심으로 질문 건네기

사람들과 관계를 맺으려면 먼저 질문을 해보자. 누군가 우리에게 진심으로 관심을 보여주고 옆에 함께 있어주는 것만으로 우리는 가장 행복한 순간을 경험할 수 있다. 타인에게 존중받고 있다는 느낌은 자존감을 높여주고 삶에 활기를 불어 넣어준다. 그렇게 타인에게 좋은 영향을 받으면 에너지는 더욱 강해지고 그 에너지는 또다시 타인에게 긍정적인 영향을 줄 것이다.

한 걸음 더: 진동률이란?

모든 생명체에는 진동률이 있다. 이 진동이 강할수록 정신을 더욱 고양시킬 수 있고 스스로를 보호할 수 있으며 시련에도 꿋꿋하게 맞설 수 있다. 고양된 감정, 즉 연민과 감사, 기쁨과 같은 감정에 주로 휩싸여 있으면 진동률이 높아져 건강에도 좋은 영향을 준다. 반면 두려움, 스트레스, 또는 비위생적인 환경에 노출되면 진동률이 떨어져 각종 질병에 쉽게 공격당할 수 있다. 그러므로 해로운 진동률에 해당하는 환경과 사람들을 멀리 하려고 노력하고 보호막을 세워야 한다.

나무에게 배우기

"타인과 원만하게 의사소통을 하고
나무처럼 상생의 관계를 맺으려면?"

신경언어프로그래밍 활용하기

신경언어프로그래밍(NLP)은 인간의 두뇌가 작동하는 과정이 프로그래밍과 유사하게 진행된다고 보며, 인간의 다양한 행동과 동기를 이해하고 원하는 대로 변화시키는 훈련법이다.

우리 모두는 자신만의 세계관을 가지고 있어서 그 세계관에 맞는 안경을 쓰고 모든 것을 주관적으로 판단하고 이해한다. 따라서 변하고 싶다면 자신이 쓰고 있는 안경을 바꿔야 한다. 그리고 누군가와 소통하고 싶다면 상대의 세계관, 즉 그가 현실을 어떻게 인식하고 있는지를 파악하고 이해할 수 있어야 한다. 이를 위해 신경언어프로그래밍을 활용하면 인간의 다양한 행동과 동기를 이해할 수 있고 스스로를 원하는 모습으로 바꿀 수 있다.

톨텍 인디언의 네 가지 약속

첫째, 말로 죄를 짓지 마라.

둘째, 어떤 것도 자신의 문제로 받아들이지 마라.

셋째, 함부로 추측하지 마라.

넷째, 항상 최선을 다하라.

천 년간 전해 내려온 고대 톨텍 인디언의 네 가지 가르침을 마음에 새기고 실천할 수 있다면 우리는 원만한 인간관계를 만들어갈 수 있다. 또한, 우리는 시기하거나 미워하지 않고 서로를 이해할 수 있다.

소통을 잘하기 위해서는 무엇보다도 사회성을 길러야 하고 소통 방식을 연습해야 한다. 소통 능력은 타고나는 것이 아니라 의지를 갖고 연습하면 자연스럽게 체득된다. 말을 더듬을 때도 있고 다른 길로 빠질 때도 있으며 아예 엇나갈 때도 있을 것이다. 언제나 만족스러운 성과를 얻을 수는 없겠지만 최종 목표에 도달할 때까지 꾸준히 노력해보자.

소통을 잘하기 위해 다양한 능력을 사용할 수 있다. 그중에서도 동작, 행동, 태도와 같은 비언어적 의사소통은 시각적 요소가 큰 부분을 차지하기 때문에 단정치 못하거나 산만한 태도를 개선하기 위해 노력해야 한다. 자세, 외양, 손짓, 몸가짐, 시선, 그리고 여유 있는 태도, 이 모든 것이 원활한 상호작용과 의사소통을 하는 데 매우 중요한 역할을 한다는 것을 잊지 말자.

나무처럼 살아보기

"만물은 에너지와 진동으로 되어 있다."

– 알버트 아인슈타인

스스로 질문하고 대답하기

지금까지 나무의 다섯 번째 미덕, '소통'에 대해 배웠다. 이제 나무의 미덕을 삶에 적용할 준비를 해보자. 우선 아래 질문에 답해본 뒤 다른 질문도 떠올려보자.

· 질문하기 ·

Q. 오늘 나는 사람들에게 어떤 에너지를 주었는가?

Q. 오늘 나는 누군가에게 어떤 좋은 말을 했는가?

Q. 오늘 나는 사람들과 만족스럽게 소통했는가?

Q. 상대의 생각을 존중하면서 내 생각을 전달했는가?

· 질문 더하기 ·

Q. _____

Q. _____

Q. _____

🌿 마음에 새겨둘 다짐들

우리의 삶에 소통이라는 열매를 맺어줄 작은 다짐들
이다. 씨앗을 심듯 마음에 새겨보자. 우리도 모르는 사
이 좋은 생각과 감정이 무럭무럭 자라날 것이다.

진심 어린 질문하기

산만하게 소통하지 않기

좋은 에너지 발산하기

함부로 추측하지 않기

타인을 존중하기

긍정 확언과 목표

나무처럼 살아가기 위해 아래 문장을 아침마다 되새겨보자. 그리고 나무의 미덕을 삶에 적용하기 위한 목표를 세우고 지켜보자.

· 긍정 확언 ·

" 나는 분명하게 의사를 표현하고

긍정적인 에너지를 전파할 것이다. "

· 나무처럼 살아보기 ·

(예시) 나는 주변 사람에게 진심으로 관심을 기울이며 하루 한 번 질문을 던질 것이다.

1. _____

2. _____

3. _____

나무들은 위기를 겪을지라도
마냥 슬퍼하지 않고 재빠르게 대처한다.
서로를 지켜가는 방식으로 말이다.

6장

나무에게 배우는 침묵

우리가 더 깊이 침묵할 수 있다면

우리에게 침묵이 필요한 이유

"숲이 성장하는 소리보다
나무가 쓰러지는 소리가 훨씬 더 크다."

-중국 속담

제 몫을 묵묵히 해내는 나무

나무는 요란하지 않게 조용히 성장한다. 게다가 나무는 위풍당당한 모습을 뽐내지도 않는다. 나무는 두뇌도, 자아도 없지만 고요하고 평화롭게 자신의 모습을 바꾸며 끊임없이 성장한다. 이러한 나무의 고요한 모습은 경이로움을 자아낸다.

나무는 하늘로 곧게 뻗어나가며 평온하고 고요하게 서 있다. 그래서 나무는 차분하면서도 강인하고 우아해 보인다. 존재 자체로 믿음직스러운 나무는 우리로 하여금 생명의 영원성과 안정감을 느끼게 해준다. 그리고 나무는 우리를 사랑으로 보호해주기 위해 매일 제 몫의 임무를 묵묵히 해낸다.

우리는 어떤가? 나무와 우리 자신을 위해 무엇을 하고 있는가? 우리에게 주어진 가장 중요한 임무는 스스로를 잘 돌보고 이를 통해 우리 안의 잠재력을 이끌어내는 것 아닐까? 우리에게는 각자의 자리에서 완수해야 할 사명이 있다. 우리 각자가 내면의 힘을 키우고 숭고한 삶을 살아가기 위해서는 어떻게 해야 할까?

우선 망설이지 말고 침묵이라는 위대한 가치 속으로 들어가보자. 끝없이 영원하지만 지금은 그 가치를 제대로 인정받지 못하는 침묵이라는 미덕으로 말이다. 성장을 돕는 우리의 친구, 침묵을 가까이하자. 침묵의 뒤에는 인내와 포용이 뒤따른다.

다른 나무보다 더 높고 굵다고
우쭐대는 나무를 본 적이 있는가?
자신이 돋보이려고 다른 나무를 깎아내리는 나무,
서로 잘났다며 싸우는 나무를 본 적이 있는가?

나무는 무례하지도 않고 허풍을 떨지도 않으며 객쩍은 말을 하지도 않는다. SNS도 하지 않고, 신문도 보지 않는, 그저 조용하고 묵묵한 존재이지만 우리 모두의 삶에 커다란 영향을 미친다. 우리가 생기로 가득한 숲에서 좋은 기운을 받는 것도 모두 나무 덕분이다. 나무는 우리를 부담스럽게 하지도, 억압하지도 않으면서 우리가 어떤 사람인지 상관없이 우리를 품어준다.

침묵은 우리를 강하게 만들어주고 원하는 목표에 도달할 수 있게 해주는 든든한 지원군이지만 침묵의 미덕은 소음으로 가득한 이 세상에서 사치가 된 지 오래다. 많은 이가 침묵을 두려워한다. 그래서 우리는 대개 커다란 텔레비전 소리로 침묵을 묻어버리려 한다.

침묵은 우리로 하여금 존재하고 생각할 수 있는 여유를 준다. 그래서 침묵 속에서 불평하거나 타인을 재단하지 않고 스스로의 목소리를 들을 수 있다. 그 반면에 타인을 헐뜯는 말들을 늘어놓을 때 우리의 모습은 추해지고 초라해진다.

나무는 단순하게 살아가며

자신의 주변을 망가뜨리지 않고

모든 생명체와 조화롭게 어우러져 살아간다.

우리 인간은 나무에게 조금 성가신 이웃이지만 인간 역시 자연의 한 조각이므로 지금보다 충만한 삶을 원한 다면 과감하게 침묵이라는 모험에 도전해보자. 자신이 얼마나 중요한 사람인지 잊지 말고 우아하고 진중하게 침묵의 미덕을 실천해보자.

입을 열지 않으면 상처 주는 말들, 또는 쓸데없는 거 짓말이 나올 일도 없다. 부질없는 말과 수다를 멈추고 생각을 집중시켜 더 좋은 방향으로 보내고 침묵을 실천 해보자. 침묵은 소중한 친구이자 우리를 성장시키는 힘 이다.

우리는 옆도 뒤도 보지 않고 오로지 앞만 보고 내달 리기 위해 이 세상에 온 것이 아니다. 저마다의 삶을 살

아가는 우리에게 침묵은 쓸데없는 것들을 걷어내고 천
금보다 귀한 진정한 삶을 발견하게 해줄 것이다.

우리가 가진 모든 힘을
마음껏 펼칠 기회를 얻고 싶다면 침묵해보자.
그제야 우리를 옥죄는 것들에서 벗어날 수 있다.

침묵을 실천하려면?

명상을 해야 한다. 혼자든 여럿이든, 눈을 감든 뜨든 괜찮다. 명상을 통해 우리는 원하는 목표에 도달할 수 있다. 어플리케이션이나 지도자의 도움을 받아도 좋다. 긴 시간도 필요 없다. 단 몇 분이라도 좋다. 마음만 먹으면 갈등에서 벗어나 우리만의 작은 공간에서 명상의 시간을 가질 수 있다. 과거와 미래를 지우고 오직 현재에 집중하는 명상을 하는 동안 우리는 매우 귀중한 경험을 하게 될 것이다.

한 걸음 더: 내면의 평화란?

세상의 소음이 사라질 때 드러나는 고요가 아닌, 우리 안에 자리하고 있으며 우리에게 평온함과 평화, 그리고 안정감을 주는 내면의 고요를 느껴보자. 우리 영혼 깊은 곳에 자리 잡고 있는 내면의 평화는 우리에게 요동치는 감정과 큰 시련을 이겨낼 수 있는 힘을 준다. 증오와 자만, 그리고 편견을 내려놓고 단순함, 관대함, 평온함에 집중해보자.

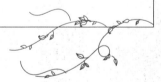

나무에게 배우기

"인생을 살아가며 침묵을 실천하고
나무처럼 스스로를 믿으며 성장하려면?"

숭고한 침묵을 실천하기

현재의 순간을 만끽하고 싶다면 의지를 갖고 침묵을 실천해보자. 누군가와 함께 식사할 때도 억지로 대화하려고 하지 않고 조용히 침묵을 지킨다면 함께 있는 그 순간에 더 많은 것을 느낄 수 있을 것이다. 우선 저녁 시간부터 다음 날 아침 식사를 할 때까지만이라도 침묵을 실천해보면 어떨까. 그 순간을 오롯이 느껴보겠다는 의지를 다져보자.

걷기 명상 실천하기

걷기의 장점은 설명이 필요 없을 정도로 잘 알려져 있다. 그런데 여기서 말하는 걷기는 침묵 속에 주변을 찬찬히 돌아보며 걷는 것이다. 걸음마를 배우는 아기처럼 천천히 한 걸음씩 떼며 걷기 명상을 실천해보자. 걷기가 우리에게 얼마나 유익한지 생각하며 피부에 닿는 모든 것을 느낄 수 있게 맨발로 걷는 것도 좋다. 또 눈을 감은 채 발길 닿는 대로 걸어보는 것 역시 특별한 경험이 될 것이다.

스스로를 믿고 침묵을 실천해보자.

그리고 시간이 조용히 흘러가게 두자.

침묵은 소중한 것들로 가득 찬 우리 내면을 여는 열쇠이며 그 깊은 곳은 수천 가지 비밀로 가득 차 있다.

침묵은 소음이나 산만함이 없는 상태만을 말하는 것이 아니다. 침묵은 너무나 정신없는 우리의 삶 한가운데서 안정을 찾게 해주는 보이지 않는 내면의 능력이기도 하다. 자신에게 주는 벌이 아닌, 자신을 보호하는 방어막으로서 침묵을 실천해보자.

그리고 소음과 달리 소리는 건강에 도움을 준다. 소리는 존재하는 모든 것이 모여 전체를 이루는 거대하고 열린 우주 공간의 일부분이다. 요가 수련자들과 명상가들이 수련하는 '옴' 명상(우주의 기본 소리인 '옴'을 소리내는 명상)을 실천해보는 것도 좋다.

바쁜 삶에 쉼표를 찍어보자.

살아 있음을 느끼기 위해,

그리고 타인에게 진심으로 귀 기울이기 위해.

침묵의 힘은 무척 강력해서 그 자체로 삶에 커다란

영향을 준다. 때로는 침묵 그 자체가 우리가 처한 상황에서 내놓을 수 있는 유일한 해결책이 되기도 한다. 또 침묵은 창의성을 북돋아주기 때문에 침묵 속에 있을 때 우리는 번뜩이는 아이디어를 떠올릴 수 있다. 침묵 속에서 깊이 성찰을 하다 보면 정신이 집중되고 명징한 생각이 떠오른다. 그 순간 우리는 도저히 풀리지 않을 것 같았던 문제에 대한 해결책을 찾을 수 있다. 또한 긴 침묵을 거친 끝에 표현한 생각과 말은 더 큰 무게감이 생긴다.

그런가 하면 침묵 그 자체가 정신 의학자, 위대한 지도자, 지혜로운 부모가 사용하는 소통의 수단이기도 하다. 때로는 침묵이 백 마디 말보다 더 큰 힘을 발휘하기 때문이다.

침묵은 우리를 품격 있는 사람으로 만들어주고 우리가 하는 일에 권위를 더해준다. 끊임없이 쏟아지는 경솔한 말들에 휩쓸린 적 있는가? 함부로 내뱉는 험한 말

들에 상처를 받았던 적은? 지금이야말로 침묵을 실천
할 때이다.

침묵은 무기가 될 수 있다.

그 무기가 영혼에 긍정적인 영향을 줄 수 있도록

침묵을 실천해보자.

나무처럼 살아보기

"가장 위대한 진리는 침묵 속에서 들을 수 있다."

– 달라이 라마

스스로 질문하고 대답하기

　지금까지 나무의 여섯 번째 미덕, '침묵'에 대해 배웠다. 이제 나무의 미덕을 삶에 적용할 준비를 해보자. 우선 아래 질문에 답해본 뒤 다른 질문도 떠올려보자.

· 질문하기 ·

Q. 오늘 나는 무의미한 말을 하지 않았나?

Q. 내가 하는 말은 타인에게 어떤 의미를 주는가?

Q. 바쁜 일상 속에서 어떻게 침묵을 실천할 것인가?

Q. 하루 중에 침묵을 지킬 수 있는 시간이 있을까?

· 질문 더하기 ·

Q. _____

Q. _____

Q. _____

마음에 새겨둘 다짐들

우리의 삶에 침묵이라는 열매를 맺어줄 작은 다짐들
이다. 씨앗을 심듯 마음에 새겨보자. 우리도 모르는 사
이 좋은 생각과 감정이 무럭무럭 자라날 것이다.

내면의 평화 찾기

옴 명상 하기

혼자 걷기

불필요한 대화 줄이기

순간에 집중하기

긍정 확언과 목표

나무처럼 살아가기 위해 아래 문장을 아침마다 되새겨보자. 그리고 나무의 미덕을 삶에 적용하기 위한 목표를 세우고 지켜보자.

· 긍정 확언 ·

" 나는 내면의 목소리에 귀를 기울이고
숨겨진 가능성을 발견할 것이다. "

· 나무처럼 살아보기 ·

(예시) 내 몸의 감각을 느끼고 내면의 목소리를 듣기 위해
나는 매일 10분 동안 침묵을 실천할 것이다.

1. _____

2. _____

3. _____

우리의 바쁜 삶에 쉼표를 찍어보자.

살아 있음을 느끼기 위해,

그리고 타인에게 진심으로 귀 기울이기 위해.

7장

나무에게 배우는 단순함

우리가 욕심을 버리고 소박하게 살아간다면

우리에게 단순함이 필요한 이유

"환경학자가 대통령으로 당선되려면
나무들도 투표를 해야 할 것이다."

- 콜뤼슈

단순하고 소박한 삶

삶을 잘 꾸려가기 위해 우리에게 정말로 필요한 것은 무엇일까? 단순하고 소박한 삶 속에서 우리는 삶의 무게를 덜고 인간의 본질을 발견할 수 있다. 그리고 생각과 마음을 깨끗하고 단정하게 정리할 수 있다. 단순한 삶을 영위하며 본질만을 남긴 채, 삶의 정수에 한 걸음 더 다가가자.

쓸데없는 것으로 가득 찬 삶은
설령 그 삶이 무언가로 가득 차 있다고 해도
절대 충만한 삶이라 할 수 없다.

시간, 에너지, 돈, 그리고 천연자원을 의미 있게 소비하려면 우리가 가장 중요하게 여기는 가치에 따라 소비해야 한다. 환경을 존중하고 검소한 소비생활을 실천할 때 우리는 더 풍성한 삶을 살 수 있다.

현명한 선택으로 검소한 소비를 하면 삶에서 정말 중요한 것이 무엇인지 명확하게 깨닫게 된다. 실제로 무의미하거나 쓸데없이 섞여 있는 삶의 군더더기들은 생각을 어지럽힐 뿐이다. 반면 단순함은 우리에게 자유를 준다. 불필요한 것들에서 해방될 때 우리는 여름에 불어오는 산들바람처럼 가벼운 마음으로 자신의 일에 집중할 수 있다.

삶의 군더더기를 걷어내고 집 안에 들이는 물건들에 좀 더 신경을 써보자. 에너지, 시간, 돈 등, 무언가를 소비할 때 올바른 의식을 가지고 현명한 선택을 해보자.

신중한 소비를 실천할 때,

우리는 지구를 살릴 수 있고

더 나은 환경에서 다 함께 공존할 수 있다.

숲에 있는 나무만큼 단순한 아름다움을 보여주는 것이 또 있을까? 나무는 화려하게 치장하지 않아도 그 자체로 아름답다. 나무는 자리를 많이 차지하지 않으면서도 엄청난 위용을 드러낸다. 나무는 자신을 위해 인위적인 치장도, 충동구매도 하지 않지만 존재만으로 우리에게 커다란 영감을 준다.

나무는 미니멀리즘의 상징이라 해도 과언이 아니다. 나무는 자신의 본질적인 부분만을 하늘로 뻗어 올리며 성장하기 때문이다. 과소비의 시대를 살아가는 지금, 깊은 숨을 고르고 어떻게 하면 더 잘 살 수 있을지 생각해보자. 나무와 달리 시종일관 움직이는 인간은 종종 쇼핑을 하며 꼭 필요한 물건인지 깊이 생각하지 않고 쉽게 물건을 사들인다. 그렇게 사들인 물건은 우리의 욕망이 커짐에 따라 계속 집 안에 쌓여간다.

과도한 소비가 일상생활에 미치는 부정적인 영향은 이뿐만이 아니다. 구매한 물건이 차지하는 자리가 늘어날수록 우리의 정신적 균형은 깨지기 십상이다. 집 안에 들이는 물건은 그게 무엇이든 우리의 생활뿐만 아니라 우리의 정신에도 영향을 미친다. 그리고 그런 물건들은 부지불식간에 뒤죽박죽된다.

자신이 머무는 공간이
깨끗하게 정돈되어 있지 않으면
단순하고 명쾌한 사고를 할 수 없다.

그러니 이제 더 이상 습관적으로 경솔하게 물건을 구입하지 말고, 그 물건이 우리 삶에 더 큰 도움을 줄 수 있다는 확신이 설 때 물건을 구입하도록 하자. 잔뜩 쌓여 있는 물건들은 어깨 위에서 우리를 짓누르는 무거운 짐이나 다름없다. 이제부터 물건을 구매하기 전에 잠시 시간을 갖고 그것이 정말로 필요한지 스스로에게 물어보자.

기분을 전환하기 위해 꼭 멀리 가거나 새로운 물건을 살 필요는 없다. 재활용이나 근거리 소비를 통해 우리는 단순하고 가벼운 삶을 영위할 수 있고 지구 전체에 부담을 덜어줄 수 있다. 현명한 소비생활을 시작으로 우리의 숲을 위해 더 많은 일을 실천해보면 어떨까? 이제라도 재활용이나 카풀을 실천하며 낭비를 줄이기 위해 노력해보자.

또한 식생활도 소박하게 바꿔보자. 음식을 과도하게 섭취하고 신체활동이 줄어들면 우리가 섭취한 음식은 그대로 몸에 축적되어 신체의 균형을 깨뜨린다. 그러므로 양은 줄이고 질은 높인 소박한 식사를 해보자.

단순하되 충만하게 살아갈 수 있는 기회를 우리는 스스로에게 허락할 수 있다. 복잡함은 장기적 계획을 실현하는 데 아무런 도움이 되지 않는다.

무엇이 나에게 정말 필요한가?

자신이 살고 있는 집과 생활에 보탬이 되고 자신을 돋보이게 하는 물건을 현명하게 소비하려면 자신이 어떤 사람인지, 더 나은 생활을 위해 무엇이 필요한지 스스로 파악해야 한다.

그러기 위해서는 자신이 가치 있게 생각하는 것, 즉 자신의 성장에 도움이 되고 생활에 방해가 되지 않는 것이 무엇인지 스스로에게 질문해야 한다. 그렇게 자신을 올바로 파악하고 현명한 소비를 할 수 있다면 인간 본질의 아름다움은 더욱 빛을 발할 것이다.

한 걸음 더: 가치란?

가치는 높은 것과 낮은 것으로 구분된다. 가치가 낮은 것은 우리를 나약하게 만들고 가치가 높은 것은 우리를 성장시킨다. 따라서 삶을 풍성하게 해주고 의미 있는 가치를 추구해야 한다. 열정을 북돋고 정신을 고양시키는 것에 관심을 갖고 그것을 발굴해 더욱 발전시켜보자. 그렇게 정신이 고양되면 우리는 쓸데없는 낭비를 멈추고 에너지와 자원을 정말로 중요한 곳에 집중시킬 수 있다.

나무에게 배우기

"나무처럼 단순하고 평온하게 살아가려면?"

자신의 신념을 성찰해보기

우리는 무엇을 믿으며 살고 있는가? 우리에게 진정 도움을 주는 것은 무엇이고, 우리에게 피해를 주는 것은 무엇인가? 인생은 쉬운가, 어려운가? 스스로 죄를 지었다거나 불행하다고 느끼지 않는가?

자기 성찰의 시간을 갖고 스스로에게 이런저런 질문들을 던져보자. 그리고 우리를 속박하는 낡은 신념의 사슬을 끊어내자. 물론 신념 자체가 나쁜 것은 아니다. 그러나 깊이 성찰하다 보면 계속 지켜나가야 할 신념과 버려야 할 신념을 구분할 수 있을 것이다.

겉으로 드러나는 부분만

끊임없이 채우려 하는 것은

내면의 공허함을 채우려는 반작용이 아닐까?

과연 더 많이 가지면 더 행복할까? 도대체 무엇을 채우려 쇼핑을 하는가? 필요한 것을 채우려고? 부족한 것을 채우려고? 혹시 공허함을 채우려는 것은 아닌가? 이제부터 더 고결한 삶을 살겠노라고 다짐해보자. 우리의 가치와 욕구와 욕망을 정화시켜 더 아름다운 삶을 향해 나아가보자.

평생 우리와 함께할 물건들을 지혜롭게 선택하며 우리의 가치를 높여보자. 친구를 신중하게 선택하는 것처럼, 우리 삶에 함께하는 물건들 역시 정말로 필요한지 심사숙고한 뒤 신중하게 선택해야 한다.

많은 것을 소유할수록
그 모든 것이 우리 마음을 어지럽히고
근심을 만들며 우리를 짓누를 것이다.

텔레비전의 소음으로 고요를 덮고, 그 많은 물건으로

는 무엇을 덮으려 하는가? 우리가 머무르는 공간이 여유로워질수록 우리는 여러 상황에서 더욱 효율적인 사고를 할 수 있다.

우리 마음과 정신은 가장 가까이 있는 것들에 영향을 받는다. 아침에 눈을 뜨자마자 무엇을 보는가? 우리의 머리맡에는 항상 무엇이 있는가? 소유하고 있다는 것을 스스로 자랑스러워할 만한 물건들만 남기고 나머지는 치워버리거나 기부해보면 어떨까?

단순함이라는 기술은

하루라도 빨리 배우는 것이 좋다.

인생의 수레바퀴 그려보기

삶의 균형을 맞추는 데 도움을 주는 인생의 수레바퀴를 그려보자. 우리의 삶을 하나의 바퀴라고 생각하고 삶의 영역마다 만족도를 표시하는 것이다. 방법은 간단하다. 우선 커다란 원을 그린 다음 8등분 한다(옆에 그림이 있으니 채워 넣으면 된다).

그리고 8등분 한 자리에 직업, 경제력, 여가 생활, 운동 및 건강, 인간관계(가족 또는 친구와의 관계), 사랑(배우자 또는 연인과의 관계), 환경, 자기계발을 써넣고 수레바퀴를 그린 날을 기준으로 각 영역에 대해 10점 만점에 스스로 몇 점을 줄 수 있는지 평가해보자.

결과가 어떤가? 자신이 평가한 대로 그린 수레바퀴 모양에 만족하는가? 인생의 수레바퀴를 직접 그려보면 더 노력해야 하는 영역과 덜어내야 하는 영역을 한눈에 파악할 수 있을 것이다.

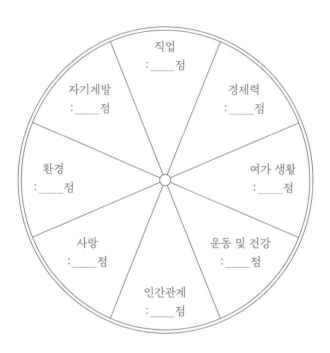

직업
:____점

경제력
:____점

자기계발
:____점

여가 생활
:____점

환경
:____점

운동 및 건강
:____점

사랑
:____점

인간관계
:____점

나무처럼 살아보기

"현대 사회에서 행복으로 가는 지름길은
바로 단순함에 있다."

– 달라이 라마

스스로 질문하고 대답하기

　지금까지 나무의 일곱 번째 미덕, '단순함'을 배웠다.
이제 나무의 미덕을 삶에 적용할 준비를 해보자. 우선
아래 질문에 답해본 뒤 다른 질문도 떠올려보자.

· 질문하기 ·

Q. 나는 무엇을 중요하게 여기는가?

Q. 지금 내 삶은 내가 추구하는 가치와 걸맞은가?

Q. 에너지를 정말 중요한 곳에 쓰고 있나?

Q. 오늘 쓸데없는 소비를 하지 않았는가?

· 질문 더하기 ·

Q. _____

Q. _____

Q. _____

마음에 새겨둘 다짐들

우리의 삶에 단순함이라는 열매를 맺어줄 작은 다짐들이다. 씨앗을 심듯 마음에 새겨보자. 우리도 모르는 사이 좋은 생각과 감정이 무럭무럭 자라날 것이다.

재활용하기

과소비하지 않기

내면부터 가꾸기

가치 있는 것 구분하기

미니멀리즘 실천하기

물건 비우기

긍정 확언과 목표

나무처럼 살아가기 위해 아래 문장을 아침마다 되새겨보자. 그리고 나무의 미덕을 삶에 적용하기 위한 목표를 세우고 지켜보자.

· 긍정 확언 ·

" 나는 가치 있으며,

에너지로 가득 차 있다. "

· 나무처럼 살아보기 ·

(예시) 오늘 나는 집에 있는 물건들을 살펴보고 계속 가지고 있을 것과 정리해야 할 것을 구분할 것이다.

1. _____

2. _____

3. _____

많은 것을 소유할수록
그 모든 것이 우리의 마음을 어지럽히고
근심을 만들며 우리를 짓누를 것이다.

8장

나무에게 배우는 연대

우리가 서로를 위해 존재한다면

우리에게 연대가 필요한 이유

"오늘 누군가 나무 그늘에 앉아 쉴 수 있는 것은
오래전에 누군가 그 나무를 심었기 때문이다."

- 워렌 버핏

혼자서는 목적지에 갈 수 없다

우리는 누구나 멀리까지 가고 싶어 하지만 혼자서는 목적지에 도달할 수 없다. 우리는 우리의 의지와 상관없이 서로 연결되어 있기에 같은 공동체에 소속되어 있는 구성원들의 행동과 결정에 간접적으로 영향을 받을 수밖에 없다. 우리가 저마다 품고 있는 마음이 공동체에 얼마나 큰 영향을 미칠 수 있는지를 깨닫고 공동체를 위해 서로 연대한다면 우리는 모두 더 가벼운 마음으로 정신적 성숙에 도달할 수 있을 것이다. 숲속 나무들에 가장 중요한 원칙은 바로 상부상조다. 나무도 사람처럼 시련을 겪을 때가 있다.

나무가 시련을 딛고

더욱 힘차게 위로 뻗어나갈 수 있는 이유는

서로가 서로에게 버팀목이 되어주기 때문이다.

나무의 뿌리는 나무들이 서로 영양분을 교환하게 해주고 균류와 둘도 없는 친구가 되어 공생한다. 그 덕분에 나무는 무럭무럭 성장할 수 있다. 이런 조건들이 모여 숲속의 모든 생명체는 더불어 성장할 수 있는 유기적 공동체를 형성한다.

나무는 시련이 닥쳐오면 땅속에 숨어 있는 훌륭한 네트워크를 이용해 서로 소통하는데 땅속에서 연결된 이 네트워크는 나무에 필요한 온갖 영양소를 공급한다. 숲의 모든 나무는 근처에 있는 다른 나무들 덕에 생존하는 것이라 해도 과언이 아니다. 잘려나간 나무가 되살아날 수 있는 이유 역시 바로 옆에 있는 나무가 손을 내밀어 도움을 주기 때문이다. 그래서 오래전에 잘려나간 그루터기에서도 새 가지가 돋아날 수 있다.

우리는 숲에서 연대와 존중의 가치를 어렵지 않게 발견할 수 있다. 나무는 서로의 성장에 방해되지 않도록 적당히 거리를 두고 각자의 영역을 침범하지 않는다.

또 엄마 나무는 작은 나무들의 생리 현상이나 건강한 성장에 꼭 필요한 당분을 얽혀 있는 뿌리를 통해 공급하며 어린 나무들에게 '젖'을 먹인다. 그리고 한 그루의 나무가 쓰러지면 주변에 있는 다른 나무들 역시 그 영향을 받아 건강 상태가 나빠진다.

내 주변이 평안하지 않은데 어떻게 나만 잘 지낼 수 있겠는가? 서로서로 평안해야 공동체가 평안하고, 공동체가 평안해야 서로서로 평안하다. 그러므로 우리는 공동체의 평안을 위해서라도 스스로를 잘 돌봐야 한다.

타인을 도우려면 우선 나부터 잘 지내야 하고
내가 잘 지내려면 타인을 도울 줄 알아야 한다.

이런 선순환의 흐름이 계속 이어지면 우리는 모두 행복한 삶을 영위할 수 있고 좋은 에너지를 주고받으며 평화로운 세상을 만들 수 있다. 오늘의 승자가 내일도 승자가 되리라는 법은 없다. 약자들이 도움을 받아 다시 일어설 수 있도록 강자들이 자신의 어깨를 내어줄 때 연대의 힘은 더욱 커진다.

누구나 언제든 약자가 될 수 있는 것이 인생이다.
그러므로 홀로 자신만의 세계에 틀어박혀 있는 것은
정말로 어리석은 짓이다.

주변 사람들이 위기에 처해 나의 도움이 필요한 상황에서 어떻게 나 혼자만 잘 지낼 수 있겠는가? 공동체의 구성원들이 서로 주고받는 직·간접적인 영향을 정량적으로 측정할 수는 없겠지만 누군가의 사소한 행동이 다른 이의 삶에 부정적인 영향을 미칠 수 있다는 사실을 우리는 이미 알고 있지 않은가.

한시도 쉬지 못하고 하루하루 쫓기듯 살아가는 누군가가 결국 지쳐 쓰러지지 않게 도와주려면 어떻게 해야 할까? 완전히 무너져 더는 일어서지 못하는 상황이 되기 전에 어떻게 그를 도울 수 있을까?

우리는 모두 누군가 도움의 손길을 내밀어주길 바란다. 타인이 내미는 도움의 손길을 받아들이고 스스로 도움을 허락하면 자아를 내려놓고 나 자신과 타인에게 상처를 주지 않으면서 나만의 속도로 성장할 수 있다.

중요한 것은 마음에 온갖 상처를 입으면서
어떻게든 멀리까지 가는 것이 아니다.
우리가 가는 길이 밤하늘의 오로라처럼
아름답다는 것을 느끼면서 가는 것이다.

공동체의 연대를 이루려면?

마음을 열면 상대가 나와 생각이 다르다는 것을 인정할 수 있고, 새로운 길을 찾기 위해 굳이 멀리 돌아가지 않아도 된다. 이웃과 동료, 옆을 스쳐 지나는 사람까지, 주변에 있는 다양한 사람들과 토론하고 의견을 주고받다 보면 삶의 지평은 훨씬 넓어질 것이다.

새롭게 만나는 모든 이는 우리가 탐험해야 하는 새로운 세계이다. 타인에게 마음을 열 때 비로소 우리는 창의적인 사고를 하고 관용을 베풀 수 있으며 낡은 신념을 떨쳐낼 수 있다.

한 걸음 더: 신념이란?

우리는 각기 다른 재능을 가지고 서로 다른 환경에서 태어나며, 서로 다른 신념을 품고 있다. '나는 아름답고 강하다' 같은 긍정적인 신념은 우리에게 도움이 되지만 '나는 바보 같다' 같은 부정적인 신념은 방해가 된다. 그러므로 자신이 품고 있는 신념을 되돌아보고 성찰할 필요가 있다. 내가 현재 품고 있는 신념은 나의 성장에 도움이 되는가? 아니면 당장 버려야 할 신념인가?

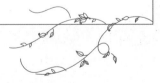

나무에게 배우기

"나무처럼 연대를 이루고 서로 협동하려면?"

공감능력 키우기

공감능력을 키우려면 무엇보다도 타인의 삶이나 생각, 또는 그가 겪는 어려움을 내가 완벽하게 이해할 수 없다는 사실을 인정해야 한다.

타인의 말이나 행동을 자신의 방식대로 이해하려 하지 말고 있는 그대로 바라보자. 중요한 것은 현재에 초점을 맞추고 그 순간, 그 자리에 존재하는 것이다. 그래야 비로소 타인의 진정한 모습을 볼 수 있다. 그리고 타인의 현란한 말보다는 행동에 집중하자. 그렇게 한다면 누구와도 안정적인 관계를 쌓아가며 올바른 생각과 행동을 공유할 수 있을 것이다.

상부상조 네트워크 형성하기

인생을 살아가면서 가까운 사람에게 도움을 주는 것도 물론 좋은 일이지만, 신뢰하는 누군가에게 도움을 청하는 것 역시 용기 있는 행동이다. 친구, 이웃, 동료, 누구든 망설임 없이 도움을 청할 수 있는 사람이 있는지 생각해보자. 누군가에게 도움을 청한다는 것은 자신의 나약함을 드러내는 것이 아니라 가까운 이들에게 있는 그대로의 내 모습을 보여줄 수 있는 용기라는 것을 잊지 말자.

나무는 어떨까? 숲속 네트워크에서 약한 나무들은 무리의 균형을 맞추고 다른 나무들의 지원을 받으며 네트워크를 더욱 단단하게 만드는 데 일조한다. 주변 나무들의 적극적이고 애정 어린 지원 덕분에 모든 나무가 무탈하게 지낼 수 있다.

누군가를 돕는 선한 행위가 불러오는 긍정적인 효과

는 이루 헤아릴 수 없을 만큼 많다. 누군가를 돕는 일은 자신이 얼마나 중요한 사람인지를 증명하고 자신의 가치를 높이는 기회이기 때문이다. 누군가를 도우면서 가까운 사람들에게 우리는 자신의 존재 가치를 보여줄 수 있다.

재능은 나누어야 한다.

재능을 이기적으로 쓰는 것은 재능을 망치는 길이다.

타인과 나누지 않는 재능이 무슨 소용이 있는가?

마찬가지로 누군가에게 도움을 요청하는 것 역시 그 사람에게 자신의 존재 가치를 드러낼 기회를 주는 것이다. 그가 자신을 스스로 가치 있는 사람이라 여기고 뿌듯해할 기회 말이다. 그러니 어려워하지 말고 도움을 청하자.

고요하게, 평온하게,

그리고 침착하게 앞으로 나아가자.

그리고 그 여정에서 도움이 필요한

누군가를 만나면 그에게 손을 내밀어주자.

나무는 정직하다. 약점을 가리지 않고 있는 그대로 자신을 드러낸다. 그리고 도움이 필요할 때는 망설임 없이 주변에 있는 이웃 나무에게 의지한다. 그리고 나무는 나무만 돕지 않는다. 주변의 모든 생명을 돕는다. 나무를 쓰러뜨리지 않는 한 인간 역시 언제나 나무에 기댈 수 있다.

내가 힘들 때 나는 누구에게 의지하는가? 그리고 나를 의지하는 사람은 누구인가? 서로가 서로를 보듬어주는 힘은 정말로 강력하다. 언제 어디서나 힘들 때 도움을 주고받을 누군가가 항상 존재한다면, 그 누가 나약해질 수 있겠는가? 그러니 홀로 웅크려 있지 말고 모

두 하나가 되어 이곳저곳에 우리의 선한 영향력을 전파
해보자.

아끼지 않고 베풀면 베풀수록
삶은 더욱 풍요로워진다.

나무처럼 살아보기

"혼자 가면 빨리 가지만 함께 가면 멀리 간다."

– 아프리카 속담

지금까지 나무의 여덟 번째 미덕, '연대'에 대해 배웠다. 이제 나무의 미덕을 삶에 적용할 준비를 해보자. 우선 아래 질문에 답해본 뒤 다른 질문도 떠올려보자.

· 질문하기 ·

Q. 나는 힘든 일이 있을 때 누구에게 의지하는가?

Q. 힘든 일이 있을 때 나를 찾는 사람이 있는가?

Q. 타인에게 나누고 싶은 나만의 재능이 있는가?

Q. 나는 오늘 누군가를 어떻게 도왔는가?

· 질문 더하기 ·

Q. _____

Q. _____

Q. _____

🌿 마음에 새겨둘 다짐들

우리의 삶에 연대라는 열매를 맺어줄 작은 다짐들이다. 씨앗을 심듯 마음에 새겨보자. 우리도 모르는 사이 좋은 생각과 감정이 무럭무럭 자라날 것이다.

상대의 개성 인정하기

재능 나누기

주변에 의지하기

네트워크 만들기

혼자 웅크리지 않기

긍정 확언과 목표

나무처럼 살아가기 위해 아래 문장을 아침마다 되새겨보자. 그리고 나무의 미덕을 삶에 적용하기 위한 목표를 세우고 지켜보자.

· 긍정 확언 ·

" 나는 공동체의 일원으로서

중요한 사람이다. "

· 나무처럼 살아보기 ·

(예시) 오늘부터 나는 아무리 바쁘더라도 나의 도움이 필요한 이에게 손을 내밀어줄 것이다.

1. _____

2. _____

3. _____

중요한 것은 마음에 온갖 상처를 입으면서
어떻게든 멀리까지 가는 것이 아니다.
우리가 가는 길이 밤하늘의 오로라처럼
아름답다는 것을 느끼면서 가는 것이다.

9장

나무에게 배우는 리더십

우리가 각자 자신의 삶에서 리더가 된다면

우리에게 리더십이 필요한 이유

"당신이 있는 곳이 마음에 들지 않으면 자리를 옮겨라.
당신은 나무가 아니지 않은가."

– 짐 론

지금 있는 곳을 알아야 목적지로 갈 수 있다

"나무를 심기에 가장 좋은 때는 이십 년 전이었다.
그다음으로 좋은 때는 바로 지금이다."

이 중국 속담은 우리에게 바로 지금 행동하라는 교훈을 준다. 흔하디흔한 핑계는 그만두고 매 순간 행동하며 우리의 에너지를 다시 끌어올리자. 그러기 위해서는 우선 시간을 갖고 우리를 올바른 방향으로 이끌어줄 비전을 세워야 한다. 그 방향을 찾기 위해서는 우리가 잘하는 것, 좋아하는 것, 그리고 세상에 필요한 것이 무엇인지 생각해봐야 한다.

성공적인 삶을 이끌어가기 위해서는 우리가 현재 서 있는 위치를 파악하고 나아가야 할 방향을 정해야 한다. 우리 안에 GPS가 있다고 상상해보자. 우리가 GPS에 제대로 된 정보를 입력하지 않으면 GPS가 어떻게 우리를 목적지까지 안내할 수 있겠는가? 최종 목적지에 도달하려면 반드시 제대로 된 정보를 입력해야 한다. 따라서 우리가 원하는 바를 이루려면 우리가 무엇을 원하는지부터 제대로 파악해야 한다.

어떤 세상에서 살고 싶은가?
어떤 사람으로 살고 싶은가?
또 어떤 사람이 되고 싶은가?
원하는 목표에 이르려면 어떻게 해야 할까?

이런 질문을 던지고 해답을 찾아간다면 삶의 종착역에 다다라 지나온 삶을 돌아볼 때, 원하던 삶을 살았다며 뿌듯해할 수 있을 것이다.

이제까지 어떻게 살았는지는 중요하지 않다. 스스로 변화할 수 있다고 믿으며 원하던 목표에 도달할 때까지 꾸준히 실천하면 된다. 스스로 정한 목표에 도달해 성숙한 사람이 되려면 이전의 나는 죽고 새로운 나로 거듭나겠다는 각오를 다져야 한다. 과거의 나를 지우고 정돈된 삶을 살고자 한다면 '왜'라는 물음에 대답할 수 있어야 한다. '이도저도 아닌' 태도를 버려야 한다.

중요한 것은 지금
내가 어떤 사람인지를 아는 것이 아니라
내가 어떤 사람이 되고 싶은지를 아는 것이다.

우리가 변화하고자 노력한다면 우리가 바라는 그 모습이 내면 가장 깊은 곳에 가득 차오른다. 확고한 의지를 다지고 그 의지대로 실천하다 보면 리더십과 사람들을 끌어당기는 매력을 키울 수 있을 것이다. 그럼 이제 어떻게 해야 할까? 또 그 분야의 모범생인 나무는 어떻게 해왔을까?

나무는 생각할 수는 없지만 다른 나무에 휘둘리지 않

고 자신의 삶을 이끌어간다. 나무는 무언가를 결정하는데 선택지가 많지 않다. 두뇌가 없는 나무에게 중요한것은 본능이다. 자신의 작은 목소리를 듣는 것 외에 나무에게 다른 선택지는 거의 없다.

나무는 성장하기 위해 결정해야 한다.
어쩔 수 없이 따르는 것이 아니라
스스로 나서서 행동해야 한다.

우리가 나무처럼 숲 한가운데에 뿌리를 내리고 서 있다고 상상해보자. 더 생각할 것도 없이 우리는 무슨 일이 있더라도 행동해야만 할 것이다. 결국, 앞으로 나아가는 것만이 가장 나은 방법 아니겠는가?

문제를 안고 있는 자신 앞에 홀로 당당히 서보자. 책임을 지지 않고 외면하는 것은 나무를 벌채하는 것과같아서 잠깐 문제를 회피할 수는 있겠지만 장기적으로는 어떤 문제도 해결하지 못한다. 더 나은 해결방법을 찾아야 한다.

우리는 저마다 공동체 전체를 앞으로 나아가게 하는 힘을 지니고 있다. 나무와 마찬가지로 우리의 목표는 조화로운 삶을 통한 공존이다. 앞으로 닥쳐올 일에 대비하여 이웃한 나무들을 보호해주는 나무의 선견지명을 배워보자. 문제나 근심이 생겼을 때는 나무를 떠올려보자. 리더십이란, 결정을 하고 이야기를 듣고 관심을 기울이는 것이 전부다.

스스로 결정을 내리고 본능이 이끄는 대로 살고 싶지 않은가? 다행히 우리는 이미 그렇게 살아가고 있다. 우리는 매일 삶에 영향을 미치는 여러 가지 결심을 하고 목표와 목적지를 정하고 있지 않은가? 하지만 문제는 어떻게 그곳에 도달할지는 깊이 생각하지 않는다는 것이다. 지금부터 목적지에 도달하기 위해 어떤 생각과 행동을 할지 생각해보자. 이것이야말로 진정으로 삶을 이끌어가는 리더십이다.

이 세상에 긍정적인 영향을 끼치겠노라 결심해보자. 우리의 삶뿐만 아니라 공동체 전체를 위한 선택을 하겠다고 다짐해보자. 우리는 긴 세월에 걸쳐 수십만의 삶에 영향을 미칠 수 있다. 우리의 생각과 행동은 실재하는 세상에서 또 다른 현실이 될 수 있다. 그것이 바로 나비효과다.

작은 변화라 해도 그것은 우리가 상상했던 것보다 훨씬 더 큰 반향을 일으킬 수 있다. 이런 나비효과가 반복된다면 우리는 이 세상의 흐름을 바꾸는 중대한 변화를 끌어낼 수 있을 것이다. 모든 삶에는 의미가 있고 사명이 있으며 역할이 있다.

가까운 사람의 옆자리나 그저 편안한 자리가 아닌
각자의 존재 가치를 드러낼 수 있는
자신만의 자리를 찾아보자.

저마다 바라는 세상을 그려보자. 그리고 공동체에 선한 영향력을 전파해보자. 우리는 각자 자신의 삶에서 리더가 될 수 있다. 반드시 그렇게 되겠다고 다짐을 해보자.

리더십을 키우려면?

목표를 시각화해보자. 능력을 발휘하고 발전시키기 위해 상상력을 이용해보는 것이다.

시간을 뛰어넘어 우리가 삶의 종착역에 와 있다고 상상해보자. 그때 우리는 목표를 이룬 자신의 삶에 만족할까? 만족한다면 그 목표에 도달할 때까지 우리는 어떻게 살아왔을까? 이제 시간을 되돌려 그때의 우리가 삶의 종착역에 이를 때까지 어떤 결심과 행동을 해왔는지 떠올려보자. 그렇게 머릿속에 명확한 비전이 그려지면 그대로 앞으로 나아가며 우리의 삶을 완성해보자.

한 걸음 더: 영향권이란?

영향권이란 타인에게 영향을 줄 수 있는 범위를 말한다. 그 안에서 우리는 자신의 의지에 따라 행동하고 모든 것을 변화시킬 수 있다. 그러므로 영향권을 조금씩 더 넓혀가며 우리를 속박하는 안전지대에서 벗어나보자. 안전지대에서 벗어나 마주치는 새로운 모든 것들은 변화를 일으키고 우리의 운신의 폭을 넓혀준다. 이런 변화는 내면에서 먼저 일어나므로 그것이 바깥으로 드러나기까지는 훨씬 더 오랜 시간이 걸리니 인내심을 갖고 꾸준히 노력해보자.

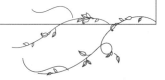

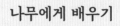

나무에게 배우기

"리더십을 키워 나무처럼
주변에 선한 영향력을 끼치려면?"

의사 표현 정확하게 하기

 의사 표현 능력은 타고나는 것이 아니라서 훈련으로 습득할 수 있다. 자신의 의사를 정확히 표현하면 자신의 의지와 욕구에 따라 자신이 추구하는 가치를 중심에 두고 행동할 수 있다.

 정확한 의사 표현을 하려면 모두가 '네'라고 할 때 '아니오'라고 말할 수 있어야 하고 진심으로 동의할 때에만 '네'라고 대답할 수 있어야 한다. 파울로 코엘료도 말하지 않았던가.

 "마음은 '아니오'라고 말하고 싶으면서

 '네'라고 대답하지 마세요."

 당당하게 자신의 목소리를 내면서 나의 권리를 지키고 나의 선택에 확신을 가져보자.

남들과 다른 개성 키우기

자신이 잘하는 것이 무엇인지 파악해보고 그 재능을 갈고닦아보자. 타고난 재능은 우리를 특별한 사람으로 만들어준다. 하루에 한 시간만이라도 자신의 능력에 투자하면 언젠가 한 분야의 전문가가 될 수 있고 그만큼 우리의 삶은 더욱 풍성해진다.

확신과 자신감을 가지고 남들과 다른 무언가를 개발해보자. 남들과 구별되는 개성을 만들고 리더십을 키우기에 가장 좋은 방법은 있는 그대로의 나로서 인정받는 것이다.

우리가 저마다 차이를 만든다면
결국 우리는 서로 다른 개성을 갖게 될 것이다.
독창성을 키우고 자신의 삶에 최선을 다하자.

그렇게 내면의 자신감을 키우면 생각을 행동으로 옮길 수 있는 추진력이 생기며 확신을 두고 행동할 수 있다. 전 세계 80억 인구가 하나같이 소극적이고 개성이 없다면 무엇을 이뤄낼 수 있겠는가? 세상은 곳곳에서 다양한 능력이 필요하다. 우리의 능력을 세상에 마음껏 펼쳐보자.

그리고 다른 사람이 나를 어떻게 평가하든 신경 쓰지 말자. 우리가 더할 나위 없이 완벽하다 해도, 결국 우리를 비판하거나 소외시키는 이들은 언제나 존재한다.

다른 사람의 의견은 결국 다른 사람의 것이다.
우리의 소관이 아니다.
그러므로 우리는 그것을 바꿀 수도 없다.

어떤 분야에서 전문가적 능력을 개발하고 싶은가? 어떤 사람이 되고 싶은가? 그럼 어떻게 그런 사람으로 거듭날 수 있는가? 이런 질문에 답을 찾고 나면 이제 목표에 도달하기 위한 계획표를 작성할 때다.

우리의 온 존재와 공명하는 우리의 비전을 마음속에 새겨보자. 우리 안에 뚜렷한 비전을 간직하고 우리가 반드시 되고자 하는, 또 머지않아 그렇게 될 미래의 우리 모습을 향해 앞으로 나아가자. 그리고 저마다의 개성을 빛낼 수 있는 삶을 만들어가자.

제각기 고유한 특성과 자신만의 장점이 있는 나무처럼 우리도 저마다의 개성을 드러내자. 그러면 삶의 의미와 각자의 존재 이유를 알고 싶어 하는 우리 인간은 더 풍성한 삶을 영위할 수 있을 것이다. 한꺼번에 모든 것을 바꾸려 할 필요는 없다.

변화는 서서히 일어난다. 타고난 본성을 존중하며 작은 걸음을 한 발짝 떼기만 해도 이미 절반은 성공이다. 변화를 시작하려는 스스로를 격려하고 계속 노력해보자. 그러면 우리도 아름답고 꼿꼿하게 자라난 커다란 나무처럼 당당하고 멋지게 성장할 수 있을 것이다.

자신을 연마하는 것만으로도

우리는 모두 기적을 이뤄낼 수 있다.

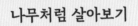

나무처럼 살아보기

"세상에 원하는 변화가 있다면
스스로 그 변화가 되어야 한다."

– 간디

스스로 질문하고 대답하기

지금까지 나무의 아홉 번째 미덕 '리더십'에 대해 배웠다. 이제 리더십을 삶에 적용할 준비를 해보자. 우선 아래 질문에 답해본 뒤 다른 질문도 떠올려보자.

· **질문하기** ·

Q. 나는 선택할 때 결과를 예상하는가?

Q. 나는 행복을 위한 결정을 하고 있는가?

Q. 삶의 여정에서 나는 지금 어디쯤 와 있나?

Q. 내가 열중할 수 있고 성장할 수 있는 일은 무엇인가?

· **질문 더하기** ·

Q. _____

Q. _____

Q. _____

마음에 새겨둘 다짐들

우리의 삶에 리더십이라는 열매를 맺어줄 작은 다짐들이다. 씨앗을 심듯 마음에 새겨보자. 우리도 모르는 사이 좋은 생각과 감정이 무럭무럭 자라날 것이다.

주체적으로 살기

목표 시각화하기

권리 지키기

개성 만들기

본성 존중하기

긍정 확언과 목표

나무처럼 살아가기 위해 아래 문장을 아침마다 되새겨보자. 그리고 나무의 미덕을 삶에 적용하기 위한 목표를 세우고 지켜보자.

· 긍정 확언 ·

" 나는 주변 사람에게

선한 영향력을 줄 수 있다. "

· 나무처럼 살아보기 ·

(예시) 나는 오늘 회의 중에 나의 의견을 명확하게 피력할 것이다.

1. _____

2. _____

3. _____

가까운 사람의 옆자리나
그저 편안한 자리가 아닌
각자의 존재 가치를 드러낼 수 있는
자신만의 자리를 찾아보자.

10장

나무에게 배우는 치유의 힘

우리가 스스로를 잘 돌보며 살아간다면

우리에게 치유의 힘이 필요한 이유

"자연 속에서는 길을 잃을 가능성보다
자신을 찾을 가능성이 더 높다."

– 작자 미상

🌿 나를 돌보는 것은 오롯이 나의 몫이다

인간은 모두 자연 면역을 선천적으로 가지고 태어난다. 대다수가 자연 면역에 대해 잘 알지 못하고 과소평가하지만, 자연 면역은 예기치 않은 상황 변화에 대응하는 능력을 갖추고 있다. 오늘날 우리가 더는 민간요법에 의존하지 않고 진보한 의학 기술의 혜택을 누리고 있다고는 해도 자신의 건강을 돌보는 일은 오롯이 자신의 몫이다.

할 일이 산더미처럼 쌓여 있고 휴식할 수 있는 시간을 내기 힘들다 해도 우리는 반드시 재충전의 시간을 가져야 한다. 평균 수명이 늘어나고 생활이 편리해졌다고 해서 반드시 삶의 질이 높아지거나 마음의 여유가 커지는 것은 아니기 때문이다. 의지와 열정을 가지고 우리가 원하는 삶을 향해, 우리가 살고 싶은 세상을 향해 나아가야 하는 이유가 바로 이 때문이다.

우리는 인생을 살아가며 삶의 목적에 대해 생각하곤 한다. 조화로운 삶을 영위하는 데 필요한 삶의 목적을 명확하게 세워 놓으면 마음과 신체의 건강을 스스로 돌보는 데 큰 동기부여가 될 수 있다. 생각과 행동이 조화를 이루는 삶을 살아야 하는 이유는 뭘까?

답은 간단하다. 우리는 모두 이 땅에 온 소중한 존재들이고 살아가면서 언제든 시련과 고통을 겪을 수 있기 때문이다. 그 고통 때문에 약을 먹어야 할 때도 있고 불면증이나 욕구 불만에 시달릴 때도 있으며 우울증을 앓기도 한다. 우리가 내면에서 들려오는 목소리에 귀 기울이지 않을 때 이런 고통은 찾아오게 마련이다.

조화로운 삶은 스스로에게

해줄 수 있는 최고의 선물이다.

자신을 있는 그대로 존중할 때

삶은 한층 더 건강하고 풍요로워진다.

그러므로 과학으로 이룬 세상의 진보와 우리의 본질을 들여다보는 내면의 성숙이 조화를 이루는 삶을 살기 위해 노력해보자. 조화로운 삶의 개념을 온전히 이해하면 공동체 전체에도 이롭다.

세상이 진보하는 만큼 우리의 영혼을 고양시킬 수 있다면 우리는 우리 자신뿐만 아니라 우리가 살아가는 세상에도 긍정적인 영향을 끼칠 수 있다. 우리는 이 두 가지를 충분히 양립할 수 있으며 그를 통해 우리의 건강을 지킬 수 있다.

지난날 우리의 몸과 마음에 관심을 기울이며 질병을 치료하기 위해 애써준 모든 이들에게 감사의 마음을 갖자. 그리고 의학 기술이 진보하는 만큼 우리도 자신의 건강을 돌보는 일에 더욱 큰 관심을 가지자. 우리에게는 자신을 치유할 수 있는 능력이 있고 스스로 그 책임을 다해야 한다.

경주마처럼 눈가리개를 하고 달리지 않아도

우리는 힘차게 앞으로 나아갈 수 있다.

건강을 지킨답시고 약에 의존하는 그릇된 태도를 버리고 이제 조금 다른 방식으로 삶을 꾸려가보자. 스스로 생각하는 법을 배우고 다른 이들에게 휘둘리지 않으면 우리는 스스로 삶을 변화시키고 건강을 유지하며 살아갈 수 있다.

우리도 나무처럼 도움이 필요할 때 우리만의 지원 네트워크에 기대자. 지인이나 가족, 또는 친구는 우리의 삶을 더욱 아름답게 만들어주고 우리에게 안정감을 가져다준다. 나무 역시 이런 지원 네트워크의 한 축으로서 우리에게 온기와 평온함을 안겨준다. 나무들 곁에 있을 때 우리의 고통과 근심이 한결 누그러지지 않는가. 그것이 바로 삼림욕의 효과이다.

공동체에 관심을 기울이고 저마다 의견을 제시하며

필요한 행동을 실천한다면 우리는 다 함께 건강한 공동체를 만들어갈 수 있다.

앞으로 나아가기 위한 우리 삶의 여정에서 우리의 결심이 흐트러지지 않게 마음을 잡아보자. 그리고 숲으로 들어가 마음의 안정을 찾아보자. 나무는 우리의 마음을 편안하게 해주는 능력을 가지고 있다.

나무는 안정감을 주기 위해 궁리한 적도 없고,

우리를 안아줄 팔도 없지만

다양한 방식으로 우리를 보듬어준다.

🌿 치유의 힘을 키우려면?

삶의 질을 높여야 한다. 더 나은 삶을 살아가려면 오래 사는 것도 중요하지만 동시에 삶의 질을 높이는 데도 관심을 기울여야 한다. 삶의 질을 높이려면 신체가 건강해야 할 뿐만 아니라 심리적으로도 안정되어야 한다. 세계보건기구(WHO)는 삶의 질을 평가하기 위해 네 가지 지표를 제시했다. 바로 신체적·심리적·사회적·정신적 지표이다.

주관적인 생각과 느낌에 따라 삶의 질에 대한 평가는 사람마다 다르다. 우리는 일상에서 일어나는 일을 어떻게 인식하고 있을까? 이 네 가지 지표를 바탕으로 생각과 마음이 이끄는 대로 삶의 질을 평가해보자.

한 걸음 더: 차크라(chakras)란?

인체에는 생명을 유지하기 위한 무수한 에너지가 흐르는데 신체 내부의 에너지 중심 센터를 '차크라'라 한다. 사실 우리 몸에는 수천 개의 차크라가 있지만 그중 가장 기초가 되는 일곱 개의 차크라를 중심으로 생명 에너지가 바퀴처럼 소용돌이치며 모여든다. 회음부에서 정수리까지 위치한 각각의 차크라 센터는 정신 건강뿐 아니라 신체 건강의 균형을 잡아주므로 차크라 명상을 하면 조화로운 삶을 영위하는 데 도움이 된다.

나무에게 배우기

**"스스로를 잘 돌보며
나무처럼 몸과 마음의 균형을 이루려면?"**

숲속 휴식 장소 만들기

숲으로 가서 자연과 하나가 되어보자. 숲속으로 들어가 잠시 멈춰 쉬어가는 시간을 가지자. 우선 숲에서 자신이 특별히 편안하게 느끼는 장소를 골라 틈나는 대로 그곳에 가보자. 자신의 영역에 들어와 휴식을 취하는 낯선 사람은 아랑곳없이 그저 묵묵히 자기 일을 하는 자연을 느껴보자. 자연과 하나가 되어 나무가 내뿜는 피톤치드(나무가 내뿜은 휘발성 유기화합물로 인간의 몸에 이롭다고 알려져 있다) 향을 맡으며 마음을 안정시키고 자신을 치유해보자.

눈으로 보는 아름다움 역시 우리에게 긍정적인 영향을 주므로 자신이 보기에 아름답고 조화로운 느낌을 주는 장소를 찾아보는 것이 좋다.

치유의 힘 키우기

인간의 몸은 매일 끊임없는 위협에 노출된다(공해, 계절의 변화, 바이러스, 피로, 스트레스 등). 따라서 우리가 바라던 목적지에 도달할 때까지 건강을 유지하려면 매일 자신을 스스로 돌봐야 한다. 시각화 명상을 하며 치유의 힘을 키워보자.

첫째, 우선 고요한 가운데 가만히 누워 눈을 감는다.

둘째, 온갖 부정적인 것들이 저 멀리 날아가는 이미지를 떠올려보자.

셋째, 손으로 그것들을 잡아 멀리 던져버린다는 상상을 하며 실제로 손을 움직여보자.

넷째, 내 몸이 충분히 정화되었다고 느낄 때, 긍정으로 가득한 환한 빛이 우리 몸에 들어오게 하자.

그 빛은 우리 팔과 다리를 따라 흐르며 온몸으로 퍼져나간다. 우리 몸 안에서 환하게 퍼져나가는 그 빛을 느껴보자. 우리가 우리의 마음과 정신의 건강을 스스로 돌볼 때 우리 몸의 장기며 근육, 동맥도 안정적인 상태로 유지되고 치유될 수 있을 것이다.

나무와 하나가 되어 치유의 힘을 키울 수도 있다. 땅속에 깊이 뿌리를 내린 나무는 우리의 면역력을 튼튼하게 해준다. 숲을 산책하며 자기치유를 실천해보자. '삼림욕'이라 불리는 이 자기치유법은 특히 한국과 일본에서 큰 호응을 얻고 있다. 숲속에 들어가 숨을 깊이 내쉬어보자. 너른 품으로 우리를 안아주는 숲속에서 우리 마음은 이내 편안해질 것이다. 돈 한 푼 들이지 않고 자체를 돌볼 수 있는 자기치유법은 삼림욕이 유일하지 않을까?

인간은 나무처럼 자기치유 능력을 갖추고 있다. 그래서 우리 몸은 기적을 일으킬 수 있고 우리 정신은 초

월적인 힘을 발휘한다. 처음에는 불가능해 보이는 일도 우리가 어떻게 마음먹고 결심하느냐에 따라 가능한 일로 바뀌지 않는가. 우리가 가진 치유의 힘을 믿고 그 능력을 키워보자. 가장 중요한 것은 우리의 마음가짐이다. 우리가 치유의 힘을 제대로 발휘할 때, 그 힘은 우리 삶에 매우 긍정적인 변화를 불러올 것이다.

삶이 버겁게 느껴질 때
시련을 헤쳐 나갈 수 있는 여러 갈래의 길이
우리 앞에 있다는 것을 잊지 말자.

우리는 대개 시련이 닥치면 불평이나 원망을 먼저 쏟아낸다. 어려운 상황에 직면하면 용기가 꺾여 의기소침해지는 것은 어쩌면 당연한 일일지도 모른다. 그러나 한 차례 폭풍우가 지나가면 우리는 각자가 가지고 있는 치유의 힘을 발휘해야 한다.

몸의 건강뿐만 아니라 마음의 건강을 위해서도 우리는 나무와 함께해야 한다. 숲으로 들어가 나무를 껴안아보자. 나무가 이끄는 대로 숲이 우리에게 보여주는 길로 가보자.

이 시대의 우리는 어른, 아이를 막론하고 자연결핍증후군을 앓고 있다. 모든 면에서 어른들을 따라 하는 아이들에게 모범을 보여주자. 우리를 지탱해주고 우리에게 활력을 주는 숲과 나무, 그리고 우리에게 온갖 다양한 경험을 선사하는 대자연을 사랑하고 존중하자.

마음에 위안을 주는 나무를 믿고
두려움 없이 앞으로 나아가보자.

나무처럼 살아보기

"나는 행복해지기로 결심했다.
그것이 건강에 좋기 때문이다."

- 볼테르

스스로 질문하고 대답하기

지금까지 나무의 열 번째 미덕, '치유의 힘'에 대해 배웠다. 이제 나무의 미덕을 삶에 적용할 준비를 해보자. 우선 아래 질문에 답해본 뒤 다른 질문도 떠올려보자.

· 질문하기 ·

Q. 건강을 돌보기 위해 나는 오늘 무엇을 했는가?

Q. 오늘 나는 자연 속에서 얼마나 오래 머물렀는가?

Q. 나는 조화로운 삶을 살고 있는가?

Q. 마음의 안정을 찾기 위해 어떤 활동을 하면 좋을까?

· 질문 더하기 ·

Q. _____

Q. _____

Q. _____

마음에 새겨둘 다짐들

우리의 삶에 치유의 힘이라는 열매를 맺어줄 작은 다
짐들이다. 씨앗을 심듯 마음에 새겨보자. 우리도 모르
는 사이 좋은 생각과 감정이 무럭무럭 자라날 것이다.

건강 챙기기

마음 챙기기

명상하기

평화로운 장소 찾기

자연 존중하기

🌿 긍정 확언과 목표

나무처럼 살아가기 위해 아래 문장을 아침마다 되새겨보자. 그리고 나무의 미덕을 삶에 적용하기 위한 목표를 세우고 지켜보자.

· 긍정 확언 ·

" 나는 나의 몸과 마음을

돌볼 책임이 있다. "

· 나무처럼 살아보기 ·

(예시) 오늘부터 나는 건강을 돌보기 위해 매일 30분씩 숲을 산책할 것이다.

1. _____

2. _____

3. _____

나무는 안정감을 주기 위해 궁리한 적도 없고,
우리를 안아줄 팔도 없지만
다양한 방식으로 우리를 보듬어준다.

지금까지 나무에게 열 가지 삶의 미덕을 배워보았다. 이 책을 읽는 독자 여러분 각자가 살아가고 싶은 세상을 스스로 그려나갈 수 있기를 바란다. 단순히 생존을 위해, 다수가 원한다는 이유로, 시류에 휩쓸려서, 그리고 세월이 그렇게 흘러간다는 이유로 헛된 세상에 그대로 순응하며 살아가지 않기를 바란다. 지금이야말로 공동체의 행복을 위해 앞장서서 행동하고 생각해야 할 때이다.

우리 자신과 미래 세대를 위해 새로운 비전을 그려보자. 그것이 우리를 품어주는 이 아름다운 지구에 사는 우리에게 주어진 숙제이다. 우리가 지나는 길마다 그 풍경이 더 아름다워지기를 바란다.

우리의 모든 결심과 행동은 지구에 사는 모든 이의 미래에 지속해서 영향을 미친다. 각자의 행동이 모두에게 영향을 미친다는 사실을 반드시 기억하자. 나무에게 배운 열 가지 미덕을 지구상의 많은 이가 실천한다고 상상해보자. 정말 멋지지 않겠는가?

이 책을 다 읽은 지금, 여러분은 이제 나무의 아름다움과 너그러움을 알아볼 수 있을 것이다. 수많은 매력을 지닌 아름답고 평화로운 나무를 소중하게 여기고 더욱 사랑해주자.

그리고 스스로를 이겨내고 우리를 속박하는 모든 사슬을 끊어내자. 다른 이들이 무엇을 하든 그것은 중요하지 않다. 각자가 귀감이 되기 위해 노력해야 한다. 하나가 되어 끈끈한 연대를 이루자. 아름다운 정원을 가꾸기 위해서는 서로 화합해야 한다. 각자의 삶을 위해 하나가 되어보자. 가치 있고 의미 있는 행동을 하는 이들이 수백만 명으로 늘어난다면 우리는 분명 더 나은 삶의 방향으로 나아갈 수 있을 것이다. 우리에게 내재하여 있는 힘을 되찾기 위해 노력해보자. 스스로를 믿고, 자연의 섭리를 믿어보자.

사랑하는 독자 여러분, 여러분의 손에 들려 있는 이 책이 여러분의 인생길에 행복과 기쁨을 가져다주기를 바란다. 나무에게 배운 열 가지 삶의 미덕은 여러분이 계속 앞으로 나아가며 조화로운 삶을 영위하는 데 도움이 될 것이다.

더 나은 삶을 위해 노력하는 일은 충분한 가치가 있는 일이다. 여유를 갖고 계획을 세워보자. 우리는 큰 흐름을 바꿀 힘이 있다. 우리가 살아가고 싶은 세상의 모습을 그려보고, 우리가 지혜롭고 조화로운 삶을 영위할 수 있는 세상을 함께 만들어보자.

우리를 살게 하는 힘은

매일 우리가 발을 딛고 있는 바로 그곳에 있다.

아무것도 바라지 않고 자신을 내어주는

우리의 친구, 나무에게 이 책을 바칩니다.

옮긴이 박효은

대학에서 불문학과 미술사학을 공부했으며 이화여자대학교 통역번역대학원에서 한불번역학으로 석사학위를 받았다. 이후 다수의 프랑스어권 해외 프로젝트에 참여해 통번역사로 활동했다. 현재는 바른번역에 소속되어 번역 작업을 이어가고 있다. 옮긴 책으로 『내가 자라는 소리를 들어 보세요』, 『바보의 세계』, 『오징어 게임 심리학』, 『지옥』, 『숲속의 철학자』 등이 있다.

지혜롭고 안온한 삶을 위한 나무의 인생 수업

숲속의 철학자

초판 1쇄 발행 2023년 4월 28일

지은이 카린 마르콩브 **옮긴이** 박효은
펴낸이 김선준

편집본부장 서선행
책임편집 이주영 **편집1팀** 임나리, 배윤주, 이주영 **디자인** 김예은
마케팅팀 이진규, 신동빈
홍보팀 한보라, 이은정, 유채원, 유준상, 권희, 박지훈
경영지원 송현주, 권송이

펴낸곳 ㈜콘텐츠그룹 포레스트 **출판등록** 2021년 4월 16일 제2021-000079호
주소 서울시 영등포구 여의대로 108 파크원타워1 28층
전화 02)332-5855 **팩스** 070)4170-4865
홈페이지 www.forestbooks.co.kr
종이 ㈜월드페이퍼 **출력·인쇄·후가공·제본** 더블비

ISBN 979-11-92625-43-0 (03100)

㈜콘텐츠그룹 포레스트는 독자 여러분의 책에 관한 아이디어와 원고 투고를 기다리고 있습니다. 책 출간을 원하시는 분은 이메일 writer@forestbooks.co.kr로 간단한 개요와 취지, 연락처 등을 보내주세요. '독자의 꿈이 이뤄지는 숲, 포레스트'에서 작가의 꿈을 이루세요.